BULGAARS
WOORDENSCHAT

THEMATISCHE WOORDENLIJST

NEDERLANDS BULGAARS

De meest bruikbare woorden
Om uw woordenschat uit te breiden en
uw taalvaardigheid aan te scherpen

5000 woorden

Thematische woordenschat Nederlands-Bulgaars - 5000 woorden
Door Andrey Taranov

Woordenlijsten van T&P Books zijn bedoeld om u woorden van een vreemde taal te helpen leren, onthouden, en bestudering. Dit woordenboek is ingedeeld in thema's en behandelt alle belangrijk terreinen van het dagelijkse leven, bedrijven, wetenschap, cultuur, etc.

Het proces van het leren van woorden met behulp van de op thema's gebaseerde aanpak van T&P Books biedt u de volgende voordelen:

- Correct gegroepeerde informatie is bepalend voor succes bij opeenvolgende stadia van het leren van woorden
- De beschikbaarheid van woorden die van dezelfde stam zijn maakt het mogelijk om woordgroepen te onthouden (in plaats van losse woorden)
- Kleine groepen van woorden faciliteren het proces van het aanmaken van associatieve verbindingen, die nodig zijn bij het consolideren van de woordenschat
- Het niveau van talenkennis kan worden ingeschat door het aantal geleerde woorden

Copyright © 2018 T&P Books Publishing

Alle rechten voorbehouden. Niets uit deze uitgave mag worden verveelvoudigd, opgeslagen in een geautomatiseerd gegevensbestand en/of openbaar gemaakt in enige vorm of op enige wijze, hetzij elektronisch, mechanisch, door fotokopieën, opnamen of op enige andere manier zonder voorafgaande schriftelijke toestemming van de uitgever. U mag dit boek niet verspreiden in welk formaat dan ook.

T&P Books Publishing
www.tpbooks.com

ISBN: 978-1-78492-338-9

Dit boek is ook beschikbaar in e-boek formaat.
Gelieve www.tpbooks.com te bezoeken of de belangrijkste online boekwinkels.

BULGAARSE WOORDENSCHAT
nieuwe woorden leren

T&P Books woordenlijsten zijn bedoeld om u te helpen vreemde woorden te leren, te onthouden, en te bestuderen. De woordenschat bevat meer dan 5000 veel gebruikte woorden die thematisch geordend zijn.

- De woordenlijst bevat de meest gebruikte woorden
- Aanbevolen als aanvulling bij welke taalcursus dan ook
- Voldoet aan de behoeften van de beginnende en gevorderde student in vreemde talen
- Geschikt voor dagelijks gebruik, bestudering en zelftestactiviteiten
- Maakt het mogelijk om uw woordenschat te evalueren

Bijzondere kenmerken van de woordenschat

- De woorden zijn gerangschikt naar hun betekenis, niet volgens alfabet
- De woorden worden weergegeven in drie kolommen om bestudering en zelftesten te vergemakkelijken
- Woorden in groepen worden verdeeld in kleine blokken om het leerproces te vergemakkelijken
- De woordenschat biedt een handige en eenvoudige beschrijving van elk buitenlands woord

De woordenschat bevat 155 onderwerpen zoals:

Basisconcepten, getallen, kleuren, maanden, seizoenen, meeteenheden, kleding en accessoires, eten & voeding, restaurant, familieleden, verwanten, karakter, gevoelens, emoties, ziekten, stad, dorp, bezienswaardigheden, winkelen, geld, huis, thuis, kantoor, werken op kantoor, import & export, marketing, werk zoeken, sport, onderwijs, computer, internet, gereedschap, natuur, landen, nationaliteiten en meer ...

INHOUDSOPGAVE

Uitspraakgids	9
Afkortingen	10

BASISBEGRIPPEN	12
Basisbegrippen Deel 1	12

1. Voornaamwoorden	12
2. Begroetingen. Begroetingen. Afscheid	12
3. Hoe aan te spreken	13
4. Kardinale getallen. Deel 1	13
5. Kardinale getallen. Deel 2	14
6. Ordinale getallen	15
7. Getallen. Breuken	15
8. Getallen. Eenvoudige berekeningen	15
9. Getallen. Diversen	15
10. De belangrijkste werkwoorden. Deel 1	16
11. De belangrijkste werkwoorden. Deel 2	17
12. De belangrijkste werkwoorden. Deel 3	18
13. De belangrijkste werkwoorden. Deel 4	19
14. Kleuren	20
15. Vragen	20
16. Voorzetsels	21
17. Functiewoorden. Bijwoorden. Deel 1	21
18. Functiewoorden. Bijwoorden. Deel 2	23

Basisbegrippen Deel 2	25

19. Dagen van de week	25
20. Uren. Dag en nacht	25
21. Maanden. Seizoenen	26
22. Meeteenheden	28
23. Containers	29

MENS	30
Mens. Het lichaam	30

24. Hoofd	30
25. Menselijk lichaam	31

Kleding en accessoires	32

26. Bovenkleding. Jassen	32
27. Heren & dames kleding	32

28. Kleding. Ondergoed	33
29. Hoofddeksels	33
30. Schoeisel	33
31. Persoonlijke accessoires	34
32. Kleding. Diversen	34
33. Persoonlijke verzorging. Schoonheidsmiddelen	35
34. Horloges. Klokken	36

Voedsel. Voeding	37
35. Voedsel	37
36. Drankjes	38
37. Groenten	39
38. Vruchten. Noten	40
39. Brood. Snoep	41
40. Bereide gerechten	41
41. Kruiden	42
42. Maaltijden	43
43. Tafelschikking	44
44. Restaurant	44

Familie, verwanten en vrienden	45
45. Persoonlijke informatie. Formulieren	45
46. Familieleden. Verwanten	45

Geneeskunde	47
47. Ziekten	47
48. Symptomen. Behandelingen. Deel 1	48
49. Symptomen. Behandelingen. Deel 2	49
50. Symptomen. Behandelingen. Deel 3	50
51. Artsen	51
52. Geneeskunde. Medicijnen. Accessoires	51

HET MENSELIJKE LEEFGEBIED	53
Stad	53
53. Stad. Het leven in de stad	53
54. Stedelijke instellingen	54
55. Borden	55
56. Stedelijk vervoer	56
57. Bezienswaardigheden	57
58. Winkelen	58
59. Geld	59
60. Post. Postkantoor	60

Woning. Huis. Thuis	61
61. Huis. Elektriciteit	61

62. Villa. Herenhuis	61
63. Appartement	61
64. Meubels. Interieur	62
65. Beddengoed	63
66. Keuken	63
67. Badkamer	64
68. Huishoudelijke apparaten	65

MENSELIJKE ACTIVITEITEN — 66
Baan. Business. Deel 1 — 66

69. Kantoor. Op kantoor werken	66
70. Bedrijfsprocessen. Deel 1	67
71. Bedrijfsprocessen. Deel 2	68
72. Productie. Werken	69
73. Contract. Overeenstemming	70
74. Import & Export	71
75. Financiën	71
76. Marketing	72
77. Reclame	72
78. Bankieren	73
79. Telefoon. Telefoongesprek	74
80. Mobiele telefoon	75
81. Schrijfbehoeften	75
82. Soorten bedrijven	75

Baan. Business. Deel 2 — 78

83. Show. Tentoonstelling	78
84. Wetenschap. Onderzoek. Wetenschappers	79

Beroepen en ambachten — 80

85. Zoeken naar werk. Ontslag	80
86. Zakenmensen	80
87. Dienstverlenende beroepen	81
88. Militaire beroepen en rangen	82
89. Ambtenaren. Priesters	83
90. Agrarische beroepen	83
91. Kunst beroepen	84
92. Verschillende beroepen	84
93. Beroepen. Sociale status	86

Onderwijs — 87

94. School	87
95. Hogeschool. Universiteit	88
96. Wetenschappen. Disciplines	89
97. Schrift. Spelling	89
98. Vreemde talen	90

Rusten. Entertainment. Reizen	92
99. Trip. Reizen	92
100. Hotel	92

TECHNISCHE APPARATUUR. VERVOER	94
Technische apparatuur	94
101. Computer	94
102. Internet. E-mail	95
103. Elektriciteit	96
104. Gereedschappen	96

Vervoer	99
105. Vliegtuig	99
106. Trein	100
107. Schip	101
108. Vliegveld	102

Gebeurtenissen in het leven	104
109. Vakanties. Evenement	104
110. Begrafenissen. Begrafenis	105
111. Oorlog. Soldaten	105
112. Oorlog. Militaire acties. Deel 1	106
113. Oorlog. Militaire acties. Deel 2	108
114. Wapens	109
115. Oude mensen	111
116. Middeleeuwen	111
117. Leider. Baas. Autoriteiten	113
118. De wet overtreden. Criminelen. Deel 1	114
119. De wet overtreden. Criminelen. Deel 2	115
120. Politie. Wet. Deel 1	116
121. Politie. Wet. Deel 2	117

NATUUR	119
De Aarde. Deel 1	119
122. De kosmische ruimte	119
123. De Aarde	120
124. Windrichtingen	121
125. Zee. Oceaan	121
126. Namen van zeeën en oceanen	122
127. Bergen	123
128. Bergen namen	124
129. Rivieren	124
130. Namen van rivieren	125
131. Bos	125
132. Natuurlijke hulpbronnen	126

De Aarde. Deel 2 — 128

133. Weer — 128
134. Zwaar weer. Natuurrampen — 129

Fauna — 130

135. Zoogdieren. Roofdieren — 130
136. Wilde dieren — 130
137. Huisdieren — 131
138. Vogels — 132
139. Vis. Zeedieren — 134
140. Amfibieën. Reptielen — 134
141. Insecten — 135

Flora — 136

142. Bomen — 136
143. Heesters — 136
144. Vruchten. Bessen — 137
145. Bloemen. Planten — 138
146. Granen, graankorrels — 139

LANDEN. NATIONALITEITEN — 140

147. West-Europa — 140
148. Centraal- en Oost-Europa — 140
149. Voormalige USSR landen — 141
150. Azië — 141
151. Noord-Amerika — 142
152. Midden- en Zuid-Amerika — 142
153. Afrika — 143
154. Australië. Oceanië — 143
155. Steden — 143

UITSPRAAKGIDS

T&P fonetisch alfabet	Bulgaars voorbeeld	Nederlands voorbeeld
[a]	сладък [sládək]	acht
[e]	череша [tʃeréʃa]	delen, spreken
[i]	килим [kilím]	bidden, tint
[o]	отломка [otlómka]	overeenkomst
[u]	улуча [ulútʃa]	hoed, doe
[ə]	въже [vəʒé]	De sjwa, 'doffe e'
[ja], [ʲa]	вечеря [vetʃérʲa]	januari, gedetailleerd
[ʲu]	ключ [klʲutʃ]	jullie, aquarium
[ʲo]	фризьор [frizʲór]	New York, jongen
[ja], [ʲa]	история [istórija]	januari, gedetailleerd
[b]	събота [sébota]	hebben
[d]	пладне [pládne]	Dank u, honderd
[f]	парфюм [parfʲúm]	feestdag, informeren
[g]	гараж [garáʒ]	goal, tango
[ʒ]	мрежа [mréʒa]	journalist, rouge
[j]	двубой [dvubój]	New York, januari
[h]	храбър [hrábər]	het, herhalen
[k]	колело [koleló]	kennen, kleur
[l]	паралел [paralél]	delen, luchter
[m]	мяукам [mʲaúkam]	morgen, etmaal
[n]	фонтан [fontán]	nemen, zonder
[p]	пушек [púʃek]	parallel, koper
[r]	крепост [krépost]	roepen, breken
[s]	каса [kása]	spreken, kosten
[t]	тютюн [tʲutʲún]	tomaat, taart
[v]	завивам [zavívam]	beloven, schrijven
[ts]	църква [tsérkva]	niets, plaats
[ʃ]	шапка [ʃápka]	shampoo, machine
[tʃ]	чорапи [tʃorápi]	Tsjechië, cello
[w]	уиски [wíski]	twee, willen
[z]	зарзават [zarzavát]	zeven, zesde

AFKORTINGEN
gebruikt in de woordenschat

Nederlandse afkortingen

abn	-	als bijvoeglijk naamwoord
bijv.	-	bijvoorbeeld
bn	-	bijvoeglijk naamwoord
bw	-	bijwoord
enk.	-	enkelvoud
enz.	-	enzovoort
form.	-	formele taal
inform.	-	informele taal
mann.	-	mannelijk
mil.	-	militair
mv.	-	meervoud
on.ww.	-	onovergankelijk werkwoord
ontelb.	-	ontelbaar
ov.	-	over
ov.ww.	-	overgankelijk werkwoord
telb.	-	telbaar
vn	-	voornaamwoord
vrouw.	-	vrouwelijk
vw	-	voegwoord
vz	-	voorzetsel
wisk.	-	wiskunde
ww	-	werkwoord

Nederlandse artikelen

de	-	gemeenschappelijk geslacht
de/het	-	gemeenschappelijk geslacht, onzijdig
het	-	onzijdig

Bulgaarse afkortingen

ж	-	vrouwelijk zelfstandig naamwoord
ж мн	-	vrouwelijk meervoud
м	-	mannelijk zelfstandig naamwoord
м мн	-	mannelijk meervoud
м, ж	-	mannelijk, vrouwelijk

мн	-	meervoud
с	-	onzijdig
с мн	-	onzijdig meervoud

BASISBEGRIPPEN

Basisbegrippen Deel 1

1. Voornaamwoorden

ik	аз	[az]
jij, je	ти	[ti]
hij	той	[toj]
zij, ze	тя	[tʲa]
het	то	[to]
wij, we	ние	[níe]
jullie	вие	[víe]
zij, ze	те	[te]

2. Begroetingen. Begroetingen. Afscheid

Hallo! Dag!	Здравей!	[zdravéj]
Hallo!	Здравейте!	[zdravéjte]
Goedemorgen!	Добро утро!	[dobró útro]
Goedemiddag!	Добър ден!	[dóbər den]
Goedenavond!	Добър вечер!	[dóbər vétʃer]
gedag zeggen (groeten)	поздравявам	[pozdravʲávam]
Hoi!	Здрасти!	[zdrásti]
groeten (het)	поздрав (м)	[pózdrav]
verwelkomen (ww)	приветствувам	[privétstvuvam]
Hoe gaat het?	Как си?	[kak si]
Is er nog nieuws?	Какво ново?	[kakvó nóvo]
Dag! Tot ziens!	Довиждане!	[dovíʒdane]
Tot snel! Tot ziens!	До скора среща!	[do skóra sréʃta]
Vaarwel!	Сбогом!	[zbógom]
afscheid nemen (ww)	сбогувам се	[sbogúvam se]
Tot kijk!	До скоро!	[do skóro]
Dank u!	Благодаря!	[blagodarʲá]
Dank u wel!	Много благодаря!	[mnógo blagodarʲá]
Graag gedaan	Моля.	[mólʲa]
Geen dank!	Няма нищо.	[nʲáma níʃto]
Geen moeite.	Няма за какво.	[nʲáma za kakvó]
Excuseer me, ... (inform.)	Извинявай!	[izvinʲávaj]
Excuseer me, ... (form.)	Извинявайте!	[izvinʲávajte]
excuseren (verontschuldigen)	извинявам	[izvinʲávam]

zich verontschuldigen	извинявам се	[izvin¹ávam se]
Mijn excuses.	Моите извинения.	[móite izvinénija]
Het spijt me!	Прощавайте!	[proʃtávajte]
alsjeblieft	моля	[mól¹a]

Vergeet het niet!	Не забравяйте!	[ne zabráv¹ajte]
Natuurlijk!	Разбира се!	[razbíra se]
Natuurlijk niet!	Разбира се, не!	[razbíra se ne]
Akkoord!	Съгласен!	[səglásen]
Zo is het genoeg!	Стига!	[stíga]

3. Hoe aan te spreken

meneer	Господине	[gospodíne]
mevrouw	Госпожо	[gospóʒo]
juffrouw	Госпожице	[gospóʒitse]
jongeman	Младежо	[mladéʒo]
jongen	Момче	[momtʃé]
meisje	Момиче	[momítʃe]

4. Kardinale getallen. Deel 1

nul	нула (ж)	[núla]
een	едно	[ednó]
twee	две	[dve]
drie	три	[tri]
vier	четири	[tʃétiri]

vijf	пет	[pet]
zes	шест	[ʃest]
zeven	седем	[sédem]
acht	осем	[ósem]
negen	девет	[dévet]

tien	десет	[déset]
elf	единадесет	[edinádeset]
twaalf	дванадесет	[dvanádeset]
dertien	тринадесет	[trinádeset]
veertien	четиринадесет	[tʃetirinádeset]

vijftien	петнадесет	[petnádeset]
zestien	шестнадесет	[ʃesnádeset]
zeventien	седемнадесет	[sedemnádeset]
achttien	осемнадесет	[osemnádeset]
negentien	деветнадесет	[devetnádeset]

twintig	двадесет	[dvádeset]
eenentwintig	двадесет и едно	[dvádeset i ednó]
tweeëntwintig	двадесет и две	[dvádeset i dve]
drieëntwintig	двадесет и три	[dvádeset i tri]
dertig	тридесет	[trídeset]
eenendertig	тридесет и едно	[trídeset i ednó]

tweeëndertig	тридесет и две	[trídeset i dve]
drieëndertig	тридесет и три	[trídeset i tri]
veertig	четиридесет	[tʃetírideset]
eenenveertig	четиридесет и едно	[tʃetírideset i ednó]
tweeënveertig	четиридесет и две	[tʃetírideset i dve]
drieënveertig	четиридесет и три	[tʃetírideset i tri]
vijftig	петдесет	[petdesét]
eenenvijftig	петдесет и едно	[petdesét i ednó]
tweeënvijftig	петдесет и две	[petdesét i dve]
drieënvijftig	петдесет и три	[petdesét i tri]
zestig	шестдесет	[ʃestdesét]
eenenzestig	шестдесет и едно	[ʃestdesét i ednó]
tweeënzestig	шестдесет и две	[ʃestdesét i dve]
drieënzestig	шестдесет и три	[ʃestdesét i tri]
zeventig	седемдесет	[sedemdesét]
eenenzeventig	седемдесет и едно	[sedemdesét i ednó]
tweeënzeventig	седемдесет и две	[sedemdesét i dve]
drieënzeventig	седемдесет и три	[sedemdesét i tri]
tachtig	осемдесет	[osemdesét]
eenentachtig	осемдесет и едно	[osemdesét i ednó]
tweeëntachtig	осемдесет и две	[osemdesét i dve]
drieëntachtig	осемдесет и три	[osemdesét i tri]
negentig	деветдесет	[devetdesét]
eenennegentig	деветдесет и едно	[devetdesét i ednó]
tweeënnegentig	деветдесет и две	[devetdesét i dve]
drieënnegentig	деветдесет и три	[devetdesét i tri]

5. Kardinale getallen. Deel 2

honderd	сто	[sto]
tweehonderd	двеста	[dvésta]
driehonderd	триста	[trísta]
vierhonderd	четиристотин	[tʃétiri·stótin]
vijfhonderd	петстотин	[pét·stótin]
zeshonderd	шестстотин	[ʃést·stótin]
zevenhonderd	седемстотин	[sédem·stótin]
achthonderd	осемстотин	[ósem·stótin]
negenhonderd	деветстотин	[dévet·stótin]
duizend	хиляда (ж)	[hilʲáda]
tweeduizend	две хиляди	[dve hílʲadi]
drieduizend	три хиляди	[tri hílʲadi]
tienduizend	десет хиляди	[déset hílʲadi]
honderdduizend	сто хиляди	[sto hílʲadi]
miljoen (het)	милион (м)	[milión]
miljard (het)	милиард (м)	[miliárt]

6. Ordinale getallen

eerste (bn)	първи	[pérvi]
tweede (bn)	втори	[ftóri]
derde (bn)	трети	[tréti]
vierde (bn)	четвърти	[tʃetvérti]
vijfde (bn)	пети	[péti]
zesde (bn)	шести	[ʃésti]
zevende (bn)	седми	[sédmi]
achtste (bn)	осми	[ósmi]
negende (bn)	девети	[devéti]
tiende (bn)	десети	[deséti]

7. Getallen. Breuken

breukgetal (het)	дроб (м)	[drop]
half	една втора	[edná ftóra]
een derde	една трета	[edná tréta]
kwart	една четвърта	[edná tʃetvérta]
een achtste	една осма	[edná ósma]
een tiende	една десета	[edná deséta]
twee derde	две трети	[dve tréti]
driekwart	три четвърти	[tri tʃetvérti]

8. Getallen. Eenvoudige berekeningen

aftrekking (de)	изваждане (с)	[izváʒdane]
aftrekken (ww)	изваждам	[izváʒdam]
deling (de)	деление (с)	[delénie]
delen (ww)	деля	[delʲá]
optelling (de)	събиране (с)	[səbírane]
erbij optellen	събера	[səberá]
(bij elkaar voegen)		
optellen (ww)	прибавям	[pribávʲam]
vermenigvuldiging (de)	умножение (с)	[umnoʒénie]
vermenigvuldigen (ww)	умножавам	[umnoʒávam]

9. Getallen. Diversen

cijfer (het)	цифра (ж)	[tsífra]
nummer (het)	число (с)	[tʃisló]
telwoord (het)	числително име (с)	[tʃislítelno íme]
minteken (het)	минус (м)	[mínus]
plusteken (het)	плюс (м)	[plʲus]
formule (de)	формула (ж)	[fórmula]
berekening (de)	изчисление (с)	[istʃislénie]

tellen (ww)	броя	[brojá]
bijrekenen (ww)	преброявам	[prebrojávam]
vergelijken (ww)	сравнявам	[sravnʲávam]

Hoeveel?	Колко?	[kólko]
som (de), totaal (het)	сума (ж)	[súma]
uitkomst (de)	резултат (м)	[rezultát]
rest (de)	остатък (м)	[ostátək]

enkele (bijv. ~ minuten)	няколко	[nʲákolko]
weinig (bw)	малко ...	[málko]
restant (het)	остатък (м)	[ostátək]
anderhalf	един и половина	[edín i polovína]
dozijn (het)	дузина (ж)	[duzína]

middendoor (bw)	наполовина	[napolovína]
even (bw)	поравно	[porávno]
helft (de)	половина (ж)	[polovína]
keer (de)	път (м)	[pət]

10. De belangrijkste werkwoorden. Deel 1

aanbevelen (ww)	съветвам	[səvétvam]
aandringen (ww)	настоявам	[nastojávam]
aankomen (per auto, enz.)	пристигам	[pristígam]
aanraken (ww)	пипам	[pípam]
adviseren (ww)	съветвам	[səvétvam]

afdalen (on.ww.)	слизам	[slízam]
afslaan (naar rechts ~)	завивам	[zavívam]
antwoorden (ww)	отговарям	[otgovárʲam]
bang zijn (ww)	страхувам се	[strahúvam se]
bedreigen (bijv. met een pistool)	заплашвам	[zapláʃvam]

bedriegen (ww)	лъжа	[lǽʒa]
beëindigen (ww)	приключвам	[priklʲútʃvam]
beginnen (ww)	започвам	[zapótʃvam]
begrijpen (ww)	разбирам	[razbíram]
beheren (managen)	ръководя	[rəkovódʲa]

beledigen (met scheldwoorden)	оскърбявам	[oskərbʲávam]
beloven (ww)	обещавам	[obeʃtávam]
bereiden (koken)	готвя	[gótvʲa]
bespreken (spreken over)	обсъждам	[obsǽʒdam]

bestellen (eten ~)	поръчвам	[porǽtʃvam]
bestraffen (een stout kind ~)	наказвам	[nakázvam]
betalen (ww)	плащам	[pláʃtam]
betekenen (beduiden)	означавам	[oznatʃávam]
betreuren (ww)	съжалявам	[səʒalʲávam]
bevallen (prettig vinden)	харесвам	[harésvam]
bevelen (mil.)	заповядвам	[zapovʲádvam]

bevrijden (stad, enz.)	освобождавам	[osvoboʒdávam]
bewaren (ww)	съхранявам	[səhranʲávam]
bezitten (ww)	владея	[vladéja]

bidden (praten met God)	моля се	[mólʲa se]
binnengaan (een kamer ~)	влизам	[vlízam]
breken (ww)	чупя	[ʧúpʲa]
controleren (ww)	контролирам	[kontrolíram]
creëren (ww)	създам	[səzdám]

deelnemen (ww)	участвам	[uʧástvam]
denken (ww)	мисля	[míslʲa]
doden (ww)	убивам	[ubívam]
doen (ww)	правя	[právʲa]
dorst hebben (ww)	искам да пия	[ískam da píja]

11. De belangrijkste werkwoorden. Deel 2

een hint geven	намеквам	[namékvam]
eisen (met klem vragen)	изисквам	[izískvam]
excuseren (vergeven)	извинявам	[izvinʲávam]
existeren (bestaan)	съществувам	[səʃtestvúvam]
gaan (te voet)	вървя	[vərvʲá]

gaan zitten (ww)	сядам	[sʲádam]
gaan zwemmen	къпя се	[képʲa se]
geven (ww)	давам	[dávam]
glimlachen (ww)	усмихвам се	[usmíhvam se]
goed raden (ww)	отгатна	[otgátna]

| grappen maken (ww) | шегувам се | [ʃegúvam se] |
| graven (ww) | ровя | [róvʲa] |

hebben (ww)	имам	[ímam]
helpen (ww)	помагам	[pomágam]
herhalen (opnieuw zeggen)	повтарям	[poftárʲam]
honger hebben (ww)	искам да ям	[ískam da jam]

hopen (ww)	надявам се	[nadʲávam se]
horen (waarnemen met het oor)	чувам	[ʧúvam]
huilen (wenen)	плача	[pláʧa]
huren (huis, kamer)	наемам	[naémam]
informeren (informatie geven)	информирам	[informíram]

instemmen (akkoord gaan)	съгласявам се	[səglasʲávam se]
jagen (ww)	ловувам	[lovúvam]
kennen (kennis hebben van iemand)	познавам	[poznávam]
kiezen (ww)	избирам	[izbíram]
klagen (ww)	оплаквам се	[oplákvam se]

| kosten (ww) | струвам | [strúvam] |
| kunnen (ww) | мога | [móga] |

lachen (ww)	смея се	[sméja se]
laten vallen (ww)	изтървавам	[istərvávam]
lezen (ww)	чета	[tʃeta]
liefhebben (ww)	обичам	[obítʃam]
lunchen (ww)	обядвам	[obʲádvam]
nemen (ww)	взимам	[vzímam]
nodig zijn (ww)	трябвам	[trʲábvam]

12. De belangrijkste werkwoorden. Deel 3

onderschatten (ww)	недооценявам	[nedootsenʲávam]
ondertekenen (ww)	подписвам	[potpísvam]
ontbijten (ww)	закусвам	[zakúsvam]
openen (ww)	отварям	[otvárʲam]
ophouden (ww)	прекратявам	[prekratʲávam]
opmerken (zien)	забелязвам	[zabelʲázvam]
opscheppen (ww)	хваля се	[hválʲa se]
opschrijven (ww)	записвам	[zapísvam]
plannen (ww)	планирам	[planíram]
prefereren (verkiezen)	предпочитам	[pretpotʃítam]
proberen (trachten)	опитвам се	[opítvam se]
redden (ww)	спасявам	[spasʲávam]
rekenen op ...	разчитам на ...	[rastʃítam na]
rennen (ww)	бягам	[bʲágam]
reserveren (een hotelkamer ~)	резервирам	[rezervíram]
roepen (om hulp)	викам	[víkam]
schieten (ww)	стрелям	[strélʲam]
schreeuwen (ww)	викам	[víkam]
schrijven (ww)	пиша	[píʃa]
souperen (ww)	вечерям	[vetʃérʲam]
spelen (kinderen)	играя	[igrája]
spreken (ww)	говоря	[govórʲa]
stelen (ww)	крада	[kradá]
stoppen (pauzeren)	спирам се	[spíram se]
studeren (Nederlands ~)	изучавам	[izutʃávam]
sturen (zenden)	изпращам	[ispráʃtam]
tellen (optellen)	броя	[brojá]
toebehoren aan ...	принадлежа ...	[prinadleʒá]
toestaan (ww)	разрешавам	[razreʃávam]
tonen (ww)	показвам	[pokázvam]
twijfelen (onzeker zijn)	съмнявам се	[səmnʲávam se]
uitgaan (ww)	излизам	[izlízam]
uitnodigen (ww)	каня	[kánʲa]
uitspreken (ww)	произнасям	[proiznásʲam]
uitvaren tegen (ww)	ругая	[rugája]

13. De belangrijkste werkwoorden. Deel 4

vallen (ww)	падам	[pádam]
vangen (ww)	ловя	[lovʲá]
veranderen (anders maken)	сменям	[sménʲam]
verbaasd zijn (ww)	удивлявам се	[udivlʲávam se]
verbergen (ww)	крия	[kríja]
verdedigen (je land ~)	защитавам	[zaʃtitávam]
verenigen (ww)	обединявам	[obedinʲávam]
vergelijken (ww)	сравнявам	[sravnʲávam]
vergeten (ww)	забравям	[zabrávʲam]
vergeven (ww)	прощавам	[proʃtávam]
verklaren (uitleggen)	обяснявам	[obʲasnʲávam]
verkopen (per stuk ~)	продавам	[prodávam]
vermelden (praten over)	споменавам	[spomenávam]
versieren (decoreren)	украсявам	[ukrasʲávam]
vertalen (ww)	превеждам	[prevéʒdam]
vertrouwen (ww)	доверявам	[doverʲávam]
vervolgen (ww)	продължавам	[prodəɫʒávam]
verwarren (met elkaar ~)	обърквам	[obérkvam]
verzoeken (ww)	моля	[mólʲa]
verzuimen (school, enz.)	пропускам	[propúskam]
vinden (ww)	намирам	[namíram]
vliegen (ww)	летя	[letʲá]
volgen (ww)	вървя след …	[varvʲá slet]
voorstellen (ww)	предлагам	[predlágam]
voorzien (verwachten)	предвиждам	[predvíʒdam]
vragen (ww)	питам	[pítam]
waarnemen (ww)	наблюдавам	[nablʲudávam]
waarschuwen (ww)	предупреждавам	[predupreʒdávam]
wachten (ww)	чакам	[tʃákam]
weerspreken (ww)	възразявам	[vəzrazʲávam]
weigeren (ww)	отказвам се	[otkázvam se]
werken (ww)	работя	[rabótʲa]
weten (ww)	знам	[znam]
willen (verlangen)	искам	[ískam]
zeggen (ww)	кажа	[káʒa]
zich haasten (ww)	бързам	[bérzam]
zich interesseren voor …	интересувам се	[interesúvam se]
zich vergissen (ww)	греша	[greʃá]
zien (ww)	виждам	[víʒdam]
zoeken (ww)	търся	[térsʲa]
zwemmen (ww)	плувам	[plúvam]
zwijgen (ww)	мълча	[məltʃá]

14. Kleuren

kleur (de)	цвят (м)	[tsvʲat]
tint (de)	оттенък (м)	[otténək]
kleurnuance (de)	тон (м)	[ton]
regenboog (de)	небесна дъга (ж)	[nebésna dəgá]
wit (bn)	бял	[bʲal]
zwart (bn)	черен	[tʃéren]
grijs (bn)	сив	[siv]
groen (bn)	зелен	[zelén]
geel (bn)	жълт	[ʒəlt]
rood (bn)	червен	[tʃervén]
blauw (bn)	син	[sin]
lichtblauw (bn)	небесносин	[nebesnosín]
roze (bn)	розов	[rózov]
oranje (bn)	оранжев	[oránʒev]
violet (bn)	виолетов	[violétov]
bruin (bn)	кафяв	[kafʲáv]
goud (bn)	златен	[zláten]
zilverkleurig (bn)	сребрист	[srebríst]
beige (bn)	бежов	[béʒov]
roomkleurig (bn)	кремав	[krémaf]
turkoois (bn)	тюркоазен	[tʲurkoázen]
kersrood (bn)	вишнев	[víʃnev]
lila (bn)	лилав	[liláf]
karmijnrood (bn)	малинов	[malínov]
licht (bn)	светъл	[svétəl]
donker (bn)	тъмен	[témen]
fel (bn)	ярък	[járək]
kleur-, kleurig (bn)	цветен	[tsvéten]
kleuren- (abn)	цветен	[tsvéten]
zwart-wit (bn)	черно-бял	[tʃérno-bʲal]
eenkleurig (bn)	едноцветен	[edno·tsvéten]
veelkleurig (bn)	многоцветен	[mnogo·tsvéten]

15. Vragen

Wie?	Кой?	[koj]
Wat?	Какво?	[kakvó]
Waar?	Къде?	[kədé]
Waarheen?	Къде?	[kədé]
Waarvandaan?	Откъде?	[otkədé]
Wanneer?	Кога?	[kogá]
Waarom?	За какво?	[za kakvó]
Waarom?	Защо?	[zaʃtó]
Waarvoor dan ook?	За какво?	[za kakvó]

Hoe?	Как?	[kak]
Welk?	Кой?	[koj]

Aan wie?	На кого?	[na kogó]
Over wie?	За кого?	[za kogó]
Waarover?	За какво?	[za kakvó]
Met wie?	С кого?	[s kogó]

Hoeveel?	Колко?	[kólko]
Van wie? (mann.)	Чий?	[tʃij]

16. Voorzetsels

met (bijv. ~ beleg)	с ...	[s]
zonder (~ accent)	без	[bez]
naar (in de richting van)	в, във	[v], [vəf]
over (praten ~)	за	[za]
voor (in tijd)	преди	[predí]
voor (aan de voorkant)	пред ...	[pret]

onder (lager dan)	под	[pot]
boven (hoger dan)	над	[nat]
op (bovenop)	върху	[vərhú]
van (uit, afkomstig van)	от	[ot]
van (gemaakt van)	от	[ot]

over (bijv. ~ een uur)	след	[slet]
over (over de bovenkant)	през	[pres]

17. Functiewoorden. Bijwoorden. Deel 1

Waar?	Къде?	[kədé]
hier (bw)	тук	[tuk]
daar (bw)	там	[tam]

ergens (bw)	някъде	[nʲákəde]
nergens (bw)	никъде	[níkəde]

bij ... (in de buurt)	до ...	[do]
bij het raam	до прозореца	[do prozóretsa]

Waarheen?	Къде?	[kədé]
hierheen (bw)	тук	[tuk]
daarheen (bw)	нататък	[natátək]
hiervandaan (bw)	оттук	[ottúk]
daarvandaan (bw)	оттам	[ottám]

dichtbij (bw)	близо	[blízo]
ver (bw)	далече	[dalétʃe]

in de buurt (van ...)	до	[do]
dichtbij (bw)	редом	[rédom]

niet ver (bw)	недалече	[nedalétʃe]
linker (bn)	ляв	[lʲav]
links (bw)	отляво	[otlʲávo]
linksaf, naar links (bw)	вляво	[vlʲávo]
rechter (bn)	десен	[désen]
rechts (bw)	отдясно	[otdʲásno]
rechtsaf, naar rechts (bw)	вдясно	[vdʲásno]
vooraan (bw)	отпред	[otprét]
voorste (bn)	преден	[préden]
vooruit (bw)	напред	[naprét]
achter (bw)	отзад	[otzát]
van achteren (bw)	отзад	[otzát]
achteruit (naar achteren)	назад	[nazát]
midden (het)	среда (ж)	[sredá]
in het midden (bw)	по средата	[po sredáta]
opzij (bw)	встрани	[fstraní]
overal (bw)	навсякъде	[nafsʲákəde]
omheen (bw)	наоколо	[naókolo]
binnenuit (bw)	отвътре	[otvétre]
naar ergens (bw)	някъде	[nʲákəde]
rechtdoor (bw)	направо	[naprávo]
terug (bijv. ~ komen)	обратно	[obrátno]
ergens vandaan (bw)	откъдето и да е	[otkədéto i da e]
ergens vandaan (en dit geld moet ~ komen)	отнякъде	[otnʲákəde]
ten eerste (bw)	първо	[pérvo]
ten tweede (bw)	второ	[ftóro]
ten derde (bw)	трето	[tréto]
plotseling (bw)	изведнъж	[izvednéʃ]
in het begin (bw)	в началото	[f natʃáloto]
voor de eerste keer (bw)	за пръв път	[za prəv pét]
lang voor ... (bw)	много време преди ...	[mnógo vréme predí]
opnieuw (bw)	наново	[nanóvo]
voor eeuwig (bw)	завинаги	[zavínagi]
nooit (bw)	никога	[níkoga]
weer (bw)	пак	[pak]
nu (bw)	сега	[segá]
vaak (bw)	често	[tʃésto]
toen (bw)	тогава	[togáva]
urgent (bw)	срочно	[srótʃno]
meestal (bw)	обикновено	[obiknovéno]
trouwens, ... (tussen haakjes)	между другото ...	[méʒdu drúgoto]
mogelijk (bw)	възможно	[vəzmóʒno]
waarschijnlijk (bw)	вероятно	[verojátno]

misschien (bw)	може би	[móʒe bi]
trouwens (bw)	освен това, ...	[osvén tová]
daarom ...	затова	[zatová]
in weerwil van ...	въпреки че ...	[vépreki tʃe]
dankzij ...	благодарение на ...	[blagodarénie na]
wat (vn)	какво	[kakvó]
dat (vw)	че	[tʃe]
iets (vn)	нещо	[néʃto]
iets	нещо	[néʃto]
niets (vn)	нищо	[níʃto]
wie (~ is daar?)	кой	[koj]
iemand (een onbekende)	някой	[nʲákoj]
iemand (een bepaald persoon)	някой	[nʲákoj]
niemand (vn)	никой	[níkoj]
nergens (bw)	никъде	[níkəde]
niemands (bn)	ничий	[nítʃij]
iemands (bn)	нечий	[nétʃij]
zo (Ik ben ~ blij)	така	[taká]
ook (evenals)	също така	[séʃto taká]
alsook (eveneens)	също	[séʃto]

18. Functiewoorden. Bijwoorden. Deel 2

Waarom?	Защо?	[zaʃtó]
om een bepaalde reden	кой знае защо	[koj znáe zaʃtó]
omdat ...	защото ...	[zaʃtóto]
voor een bepaald doel	кой знае защо	[koj znáe zaʃtó]
en (vw)	и	[i]
of (vw)	или	[ilí]
maar (vw)	но	[no]
voor (vz)	за	[za]
te (~ veel mensen)	прекалено	[prekaléno]
alleen (bw)	само	[sámo]
precies (bw)	точно	[tótʃno]
ongeveer (~ 10 kg)	около	[ókolo]
omstreeks (bw)	приблизително	[priblizítelno]
bij benadering (bn)	приблизителен	[priblizítelen]
bijna (bw)	почти	[potʃtí]
rest (de)	остатък (м)	[ostátək]
de andere (tweede)	друг	[druk]
ander (bn)	друг	[druk]
elk (bn)	всеки	[fséki]
om het even welk	всеки	[fséki]
veel (grote hoeveelheid)	много	[mnógo]
veel mensen	много	[mnógo]

iedereen (alle personen)	всички	[fsítʃki]
in ruil voor ...	в обмяна на ...	[v obmʲána na]
in ruil (bw)	в замяна	[v zamʲána]
met de hand (bw)	ръчно	[rétʃno]
onwaarschijnlijk (bw)	едва ли	[edvá li]
waarschijnlijk (bw)	вероятно	[verojátno]
met opzet (bw)	специално	[spetsiálno]
toevallig (bw)	случайно	[slutʃájno]
zeer (bw)	много	[mnógo]
bijvoorbeeld (bw)	например	[naprímer]
tussen (~ twee steden)	между	[meʒdú]
tussen (te midden van)	сред	[sret]
zoveel (bw)	толкова	[tólkova]
vooral (bw)	особено	[osóbeno]

Basisbegrippen Deel 2

19. Dagen van de week

maandag (de)	понеделник (м)	[ponedélnik]
dinsdag (de)	вторник (м)	[ftórnik]
woensdag (de)	сряда (ж)	[srʲáda]
donderdag (de)	четвъртък (м)	[tʃetvǻrtək]
vrijdag (de)	петък (м)	[pétək]
zaterdag (de)	събота (ж)	[sébota]
zondag (de)	неделя (ж)	[nedélʲa]
vandaag (bw)	днес	[dnes]
morgen (bw)	утре	[útre]
overmorgen (bw)	вдругиден	[vdrugidén]
gisteren (bw)	вчера	[vtʃéra]
eergisteren (bw)	завчера	[závtʃera]
dag (de)	ден (м)	[den]
werkdag (de)	работен ден (м)	[rabóten den]
feestdag (de)	празничен ден (м)	[práznitʃen den]
verlofdag (de)	почивен ден (м)	[potʃíven dén]
weekend (het)	почивни дни (м мн)	[potʃívni dni]
de hele dag (bw)	цял ден	[tsʲal den]
de volgende dag (bw)	на следващия ден	[na slédvaʃtija den]
twee dagen geleden	преди два дена	[predí dva déna]
aan de vooravond (bw)	в навечерието	[v navetʃérieto]
dag-, dagelijks (bn)	всекидневен	[fsekidnéven]
elke dag (bw)	всекидневно	[fsekidnévno]
week (de)	седмица (ж)	[sédmitsa]
vorige week (bw)	през миналата седмица	[pres mínalata sédmitsa]
volgende week (bw)	през следващата седмица	[pres slédvaʃtata sédmitsa]
wekelijks (bn)	седмичен	[sédmitʃen]
elke week (bw)	седмично	[sédmitʃno]
twee keer per week	два пъти на седмица	[dva petí na sédmitsa]
elke dinsdag	всеки вторник	[fséki ftórnik]

20. Uren. Dag en nacht

morgen (de)	сутрин (ж)	[sútrin]
's morgens (bw)	сутринта	[sutrintá]
middag (de)	пладне (с)	[pládne]
's middags (bw)	следобед	[sledóbet]
avond (de)	вечер (ж)	[vétʃer]
's avonds (bw)	вечер	[vétʃer]

nacht (de)	нощ (ж)	[noʃt]
's nachts (bw)	нощем	[nóʃtem]
middernacht (de)	полунощ (ж)	[polunóʃt]

seconde (de)	секунда (ж)	[sekúnda]
minuut (de)	минута (ж)	[minúta]
uur (het)	час (м)	[tʃas]
halfuur (het)	половин час (м)	[polovín tʃas]
kwartier (het)	четвърт (ж) час	[tʃétvərt tʃas]
vijftien minuten	петнадесет минути	[petnádeset minúti]
etmaal (het)	денонощие (с)	[denonóʃtie]

zonsopgang (de)	изгрев слънце (с)	[ízgrev sléntsə]
dageraad (de)	разсъмване (с)	[rassə́mvane]
vroege morgen (de)	ранна сутрин (ж)	[ránna sútrin]
zonsondergang (de)	залез (м)	[zález]

's morgens vroeg (bw)	рано сутрин	[ráno sútrin]
vanmorgen (bw)	тази сутрин	[tázi sútrin]
morgenochtend (bw)	утре сутрин	[útre sútrin]

vanmiddag (bw)	днес през деня	[dnes pres denjá]
's middags (bw)	следобед	[sledóbet]
morgenmiddag (bw)	утре следобед	[útre sledóbet]

vanavond (bw)	довечера	[dovétʃera]
morgenavond (bw)	утре вечер	[útre vétʃer]

klokslag drie uur	точно в три часа	[tótʃno v tri tʃasá]
ongeveer vier uur	около четири часа	[ókolo tʃétiri tʃasá]
tegen twaalf uur	към дванадесет часа	[kəm dvanádeset tʃasá]

over twintig minuten	след двадесет минути	[slet dvádeset minúti]
over een uur	след един час	[slet edín tʃas]
op tijd (bw)	навреме	[navréme]

kwart voor ...	без четвърт ...	[bes tʃétvərt]
binnen een uur	в течение на един час	[v tetʃénie na edín tʃas]
elk kwartier	на всеки петнадесет минути	[na fséki petnádeset minúti]
de klok rond	цяло денонощие	[tsjálo denonóʃtie]

21. Maanden. Seizoenen

januari (de)	януари (м)	[januári]
februari (de)	февруари (м)	[fevruári]
maart (de)	март (м)	[mart]
april (de)	април (м)	[apríl]
mei (de)	май (м)	[maj]
juni (de)	юни (м)	[júni]

juli (de)	юли (м)	[júli]
augustus (de)	август (м)	[ávgust]
september (de)	септември (м)	[septémvri]

oktober (de)	октомври (м)	[októmvri]
november (de)	ноември (м)	[noémvri]
december (de)	декември (м)	[dekémvri]
lente (de)	пролет (ж)	[prólet]
in de lente (bw)	през пролетта	[prez prolettá]
lente- (abn)	пролетен	[próleten]
zomer (de)	лято (с)	[lʲáto]
in de zomer (bw)	през лятото	[prez lʲátoto]
zomer-, zomers (bn)	летен	[léten]
herfst (de)	есен (ж)	[ésen]
in de herfst (bw)	през есента	[prez esentá]
herfst- (abn)	есенен	[ésenen]
winter (de)	зима (ж)	[zíma]
in de winter (bw)	през зимата	[prez zímata]
winter- (abn)	зимен	[zímen]
maand (de)	месец (м)	[mésets]
deze maand (bw)	през този месец	[pres tózi mésets]
volgende maand (bw)	през следващия месец	[prez slédvaʃtija mésets]
vorige maand (bw)	през миналия месец	[prez mínalija mésets]
een maand geleden (bw)	преди един месец	[predí edín mésets]
over een maand (bw)	след един месец	[slet edín mésets]
over twee maanden (bw)	след два месеца	[slet dva mésetsa]
de hele maand (bw)	цял месец	[tsʲal mésets]
een volle maand (bw)	цял месец	[tsʲal mésets]
maand-, maandelijks (bn)	месечен	[mésetʃen]
maandelijks (bw)	месечно	[mésetʃno]
elke maand (bw)	всеки месец	[fséki mésets]
twee keer per maand	два пъти на месец	[dva péti na mésets]
jaar (het)	година (ж)	[godína]
dit jaar (bw)	тази година	[tázi godína]
volgend jaar (bw)	през следващата година	[prez slédvaʃtata godína]
vorig jaar (bw)	през миналата година	[prez mínalata godína]
een jaar geleden (bw)	преди една година	[predí edná godína]
over een jaar	след една година	[slet edná godína]
over twee jaar	след две години	[slet dve godíni]
het hele jaar	цяла година	[tsʲála godína]
een vol jaar	цяла година	[tsʲála godína]
elk jaar	всяка година	[fsʲáka godína]
jaar-, jaarlijks (bn)	ежегоден	[eʒegóden]
jaarlijks (bw)	ежегодно	[eʒegódno]
4 keer per jaar	четири пъти годишно	[tʃétiri péti godíʃno]
datum (de)	число (с)	[tʃisló]
datum (de)	дата (ж)	[dáta]
kalender (de)	календар (м)	[kalendár]
een half jaar	половин година	[polovín godína]

T&P Books. Thematische woordenschat Nederlands-Bulgaars - 5000 woorden

zes maanden | полугодие (с) | [polugódie]
seizoen (bijv. lente, zomer) | сезон (м) | [sezón]
eeuw (de) | век (м) | [vek]

22. Meeteenheden

gewicht (het) | тегло (с) | [tegló]
lengte (de) | дължина (ж) | [dəlʒiná]
breedte (de) | широчина (ж) | [ʃirotʃiná]
hoogte (de) | височина (ж) | [visotʃiná]
diepte (de) | дълбочина (ж) | [dəlbotʃiná]
volume (het) | обем (м) | [obém]
oppervlakte (de) | площ (ж) | [ploʃt]

gram (het) | грам (м) | [gram]
milligram (het) | милиграм (м) | [miligrám]
kilogram (het) | килограм (м) | [kilográm]
ton (duizend kilo) | тон (м) | [ton]
pond (het) | фунт (м) | [funt]
ons (het) | унция (ж) | [úntsija]

meter (de) | метър (м) | [métər]
millimeter (de) | милиметър (м) | [milimétər]
centimeter (de) | сантиметър (м) | [santimétər]
kilometer (de) | километър (м) | [kilométər]
mijl (de) | миля (ж) | [mílʲa]

duim (de) | дюйм (м) | [dʲujm]
voet (de) | фут (м) | [fut]
yard (de) | ярд (м) | [jart]

vierkante meter (de) | квадратен метър (м) | [kvadráten métər]
hectare (de) | хектар (м) | [hektár]

liter (de) | литър (м) | [lítər]
graad (de) | градус (м) | [grádus]
volt (het) | волт (м) | [volt]
ampère (de) | ампер (м) | [ampér]
paardenkracht (de) | конска сила (ж) | [kónska síla]

hoeveelheid (de) | количество (с) | [kolítʃestvo]
een beetje ... | малко ... | [málko]
helft (de) | половина (ж) | [polovína]
dozijn (het) | дузина (ж) | [duzína]
stuk (het) | брой (м) | [broj]

afmeting (de) | размер (м) | [razmér]
schaal (bijv. ~ van 1 op 50) | мащаб (м) | [maʃtáp]

minimaal (bn) | минимален | [minimálen]
minste (bn) | най-малък | [naj-málək]
medium (bn) | среден | [sréden]
maximaal (bn) | максимален | [maksimálen]
grootste (bn) | най-голям | [naj-golʲám]

23. Containers

glazen pot (de)	буркан (м)	[burkán]
blik (conserven~)	тенекия (ж)	[tenekíja]
emmer (de)	кофа (ж)	[kófa]
ton (bijv. regenton)	бъчва (ж)	[bétʃva]

ronde waterbak (de)	леген (м)	[legén]
tank (bijv. watertank-70-ltr)	резервоар (м)	[rezervoár]
heupfles (de)	манерка (ж)	[manérka]
jerrycan (de)	туба (ж)	[túba]
tank (bijv. ketelwagen)	цистерна (ж)	[tsistérna]

beker (de)	чаша (ж)	[tʃáʃa]
kopje (het)	чаша (ж)	[tʃáʃa]
schoteltje (het)	чинийка (ж)	[tʃiníjka]
glas (het)	стакан (м)	[stakán]
wijnglas (het)	чаша (ж) за вино	[tʃáʃa za víno]
pan (de)	тенджера (ж)	[téndʒera]

fles (de)	бутилка (ж)	[butílka]
flessenhals (de)	гърло (с) на бутилка	[gérlo na butílka]

karaf (de)	гарафа (ж)	[garáfa]
kruik (de)	кана (ж)	[kána]
vat (het)	съд (м)	[sət]
pot (de)	гърне (с)	[gərné]
vaas (de)	ваза (ж)	[váza]

flacon (de)	шишенце (с)	[ʃiʃéntse]
flesje (het)	шишенце (с)	[ʃiʃéntse]
tube (bijv. ~ tandpasta)	тубичка (ж)	[túbitʃka]

zak (bijv. ~ aardappelen)	чувал (м)	[tʃuvál]
tasje (het)	плик (м)	[plik]
pakje (~ sigaretten, enz.)	кутия (ж)	[kutíja]

doos (de)	кутия (ж)	[kutíja]
kist (de)	щайга (ж)	[ʃtájga]
mand (de)	кошница (ж)	[kóʃnitsa]

MENS

Mens. Het lichaam

24. Hoofd

hoofd (het)	глава (ж)	[glavá]
gezicht (het)	лице (с)	[litsé]
neus (de)	нос (м)	[nos]
mond (de)	уста (ж)	[ustá]
oog (het)	око (с)	[okó]
ogen (mv.)	очи (с мн)	[otʃí]
pupil (de)	зеница (ж)	[zénitsa]
wenkbrauw (de)	вежда (ж)	[véʒda]
wimper (de)	мигла (ж)	[mígla]
ooglid (het)	клепач (м)	[klepátʃ]
tong (de)	език (м)	[ezík]
tand (de)	зъб (м)	[zəp]
lippen (mv.)	устни (ж мн)	[ústni]
jukbeenderen (mv.)	скули (ж мн)	[skúli]
tandvlees (het)	венец (м)	[venéts]
gehemelte (het)	небце (с)	[nebtsé]
neusgaten (mv.)	ноздри (ж мн)	[nózdri]
kin (de)	брадичка (ж)	[bradítʃka]
kaak (de)	челюст (ж)	[tʃélʲust]
wang (de)	буза (ж)	[búza]
voorhoofd (het)	чело (с)	[tʃeló]
slaap (de)	слепоочие (с)	[slepoótʃie]
oor (het)	ухо (с)	[uhó]
achterhoofd (het)	тил (м)	[til]
hals (de)	шия (ж)	[ʃíja]
keel (de)	гърло (с)	[gérlo]
haren (mv.)	коса (ж)	[kosá]
kapsel (het)	прическа (ж)	[pritʃéska]
haarsnit (de)	подстригване (с)	[potstrígvane]
pruik (de)	перука (ж)	[perúka]
snor (de)	мустаци (м мн)	[mustátsi]
baard (de)	брада (ж)	[bradá]
dragen (een baard, enz.)	нося	[nósʲa]
vlecht (de)	коса (ж)	[kosá]
bakkebaarden (mv.)	бакенбарди (мн)	[bakenbárdi]
ros (roodachtig, rossig)	червенокос	[tʃervenokós]
grijs (~ haar)	беловлас	[belovlás]

kaal (bn)	плешив	[pleʃív]
kale plek (de)	плешивина (ж)	[pleʃiviná]
paardenstaart (de)	опашка (ж)	[opáʃka]
pony (de)	бретон (м)	[bretón]

25. Menselijk lichaam

hand (de)	китка (ж)	[kítka]
arm (de)	ръка (ж)	[ɾəká]
vinger (de)	пръст (м)	[prəst]
teen (de)	пръст (м) на крак	[prəst na krak]
duim (de)	палец (м)	[pálets]
pink (de)	кутре (с)	[kutré]
nagel (de)	нокът (м)	[nókət]
vuist (de)	юмрук (м)	[jumrúk]
handpalm (de)	длан (ж)	[dlan]
pols (de)	китка (ж)	[kítka]
voorarm (de)	предмишница (ж)	[predmíʃnitsa]
elleboog (de)	лакът (м)	[lákət]
schouder (de)	рамо (с)	[rámo]
been (rechter ~)	крак (м)	[krak]
voet (de)	ходило (с)	[hodílo]
knie (de)	коляно (с)	[kolʲáno]
kuit (de)	прасец (м)	[praséts]
heup (de)	бедро (с)	[bedró]
hiel (de)	пета (ж)	[petá]
lichaam (het)	тяло (с)	[tʲálo]
buik (de)	корем (м)	[korém]
borst (de)	гръд (ж)	[grəd]
borst (de)	женска гръд (ж)	[ʒénska grəd]
zijde (de)	страна (ж)	[straná]
rug (de)	гръб (м)	[grəp]
lage rug (de)	кръст (м)	[krəst]
taille (de)	талия (ж)	[tálija]
navel (de)	пъп (м)	[pəp]
billen (mv.)	седалище (с)	[sedáliʃte]
achterwerk (het)	задник (м)	[zádnik]
huidvlek (de)	бенка (ж)	[bénka]
moedervlek (de)	родилно петно (с)	[rodílno petnó]
tatoeage (de)	татуировка (ж)	[tatuirófka]
litteken (het)	белег (м)	[bélek]

Kleding en accessoires

26. Bovenkleding. Jassen

kleren (mv.)	облекло (с)	[oblekló]
bovenkleding (de)	горни дрехи (ж мн)	[górni dréhi]
winterkleding (de)	зимни дрехи (ж мн)	[zímni dréhi]
jas (de)	палто (с)	[paltó]
bontjas (de)	кожено палто (с)	[kóʒeno paltó]
bontjasje (het)	полушубка (ж)	[poluʃúpka]
donzen jas (de)	пухено яке (с)	[púheno jáke]
jasje (bijv. een leren ~)	яке (с)	[jáke]
regenjas (de)	шлифер (м)	[ʃlífer]
waterdicht (bn)	непромокаем	[nepromokáem]

27. Heren & dames kleding

overhemd (het)	риза (ж)	[ríza]
broek (de)	панталон (м)	[pantalón]
jeans (de)	дънки, джинси (мн)	[dénki], [dʒínsi]
colbert (de)	сако (с)	[sakó]
kostuum (het)	костюм (м)	[kosťúm]
jurk (de)	рокля (ж)	[róklʲa]
rok (de)	пола (ж)	[polá]
blouse (de)	блуза (ж)	[blúza]
wollen vest (de)	жилетка (ж)	[ʒilétka]
blazer (kort jasje)	сако (с)	[sakó]
T-shirt (het)	тениска (ж)	[téniska]
shorts (mv.)	къси панталони (м мн)	[kési pantalóni]
trainingspak (het)	анцуг (м)	[ántsuk]
badjas (de)	хавлиен халат (м)	[havlíen halát]
pyjama (de)	пижама (ж)	[piʒáma]
sweater (de)	пуловер (м)	[pulóver]
pullover (de)	пуловер (м)	[pulóver]
gilet (het)	елек (м)	[elék]
rokkostuum (het)	фрак (м)	[frak]
smoking (de)	смокинг (м)	[smóking]
uniform (het)	униформа (ж)	[unifórma]
werkkleding (de)	работно облекло (с)	[rabótno obleklό]
overall (de)	гащеризон (м)	[gaʃterizón]
doktersjas (de)	бяла престилка (ж)	[bʲála prestílka]

28. Kleding. Ondergoed

ondergoed (het)	бельо (с)	[belʲó]
herenslip (de)	боксер (м)	[boksér]
slipjes (mv.)	прашка (ж)	[práʃka]
onderhemd (het)	потник (м)	[pótnik]
sokken (mv.)	чорапи (м мн)	[tʃorápi]

nachthemd (het)	нощница (ж)	[nóʃtnitsa]
beha (de)	сутиен (м)	[sutién]
kniekousen (mv.)	чорапи три четвърт (м мн)	[tʃorápi tri tʃétvərt]
panty (de)	чорапогащник (м)	[tʃorapogáʃtnik]
nylonkousen (mv.)	чорапи (м мн)	[tʃorápi]
badpak (het)	бански костюм (м)	[bánski kostʲúm]

29. Hoofddeksels

hoed (de)	шапка (ж)	[ʃápka]
deukhoed (de)	шапка (ж)	[ʃápka]
honkbalpet (de)	шапка (ж) с козирка	[ʃápka s kozirká]
kleppet (de)	каскет (м)	[kaskét]

baret (de)	барета (ж)	[baréta]
kap (de)	качулка (ж)	[katʃúlka]
panamahoed (de)	панама (ж)	[panáma]
gebreide muts (de)	плетена шапка (ж)	[plétena ʃápka]

hoofddoek (de)	кърпа (ж)	[kə́rpa]
dameshoed (de)	шапка (ж)	[ʃápka]

veiligheidshelm (de)	каска (ж)	[káska]
veldmuts (de)	пилотка (ж)	[pilótka]
helm, valhelm (de)	шлем (м)	[ʃlem]

bolhoed (de)	бомбе (с)	[bombé]
hoge hoed (de)	цилиндър (м)	[tsilíndər]

30. Schoeisel

schoeisel (het)	обувки (ж мн)	[obúfki]
schoenen (mv.)	ботинки (мн)	[botínki]
vrouwenschoenen (mv.)	обувки (ж мн)	[obúfki]
laarzen (mv.)	ботуши (м мн)	[botúʃi]
pantoffels (mv.)	чехли (м мн)	[tʃéhli]

sportschoenen (mv.)	маратонки (ж мн)	[maratónki]
sneakers (mv.)	кецове (м мн)	[kétsove]
sandalen (mv.)	сандали (мн)	[sandáli]

schoenlapper (de)	обущар (м)	[obuʃtár]
hiel (de)	ток (м)	[tok]

paar (een ~ schoenen)	чифт (м)	[tʃift]
veter (de)	връзка (ж)	[vréska]
rijgen (schoenen ~)	връзвам	[vrézvam]
schoenlepel (de)	обувалка (ж)	[obuválka]
schoensmeer (de/het)	крем (м) за обувки	[krem za obúfki]

31. Persoonlijke accessoires

handschoenen (mv.)	ръкавици (ж мн)	[rəkavítsi]
wanten (mv.)	ръкавици (ж мн) с един пръст	[rəkavítsi s edín pərst]
sjaal (fleece ~)	шал (м)	[ʃal]
bril (de)	очила (мн)	[otʃilá]
brilmontuur (het)	рамка (ж) за очила	[rámka za otʃilá]
paraplu (de)	чадър (м)	[tʃadə́r]
wandelstok (de)	бастун (м)	[bastún]
haarborstel (de)	четка (ж) за коса	[tʃétka za kosá]
waaier (de)	ветрило (с)	[vetrílo]
das (de)	вратовръзка (ж)	[vratovrézka]
strikje (het)	папийонка (ж)	[papijónka]
bretels (mv.)	тиранти (мн)	[tiránti]
zakdoek (de)	носна кърпичка (ж)	[nósna kérpitʃka]
kam (de)	гребен (м)	[grében]
haarspeldje (het)	шнола (ж)	[ʃnóla]
schuifspeldje (het)	фиба (ж)	[fíba]
gesp (de)	катарама (ж)	[kataráma]
broekriem (de)	колан (м)	[kolán]
draagriem (de)	ремък (м)	[rémək]
handtas (de)	чанта (ж)	[tʃánta]
damestas (de)	чантичка (ж)	[tʃántitʃka]
rugzak (de)	раница (ж)	[ránitsa]

32. Kleding. Diversen

mode (de)	мода (ж)	[móda]
de mode (bn)	модерен	[modéren]
kledingstilist (de)	моделиер (м)	[modeliér]
kraag (de)	яка (ж)	[jaká]
zak (de)	джоб (м)	[dʒop]
zak- (abn)	джобен	[dʒóben]
mouw (de)	ръкав (м)	[rəkáv]
lusje (het)	закачалка (ж)	[zakatʃálka]
gulp (de)	копчелък (м)	[koptʃelə́k]
rits (de)	цип (м)	[tsip]
sluiting (de)	закопчалка (ж)	[zakoptʃálka]

knoop (de)	копче (с)	[kóptʃe]
knoopsgat (het)	илик (м)	[ilík]
losraken (bijv. knopen)	откъсна се	[otkésna se]
naaien (kleren, enz.)	шия	[ʃíja]
borduren (ww)	бродирам	[brodíram]
borduursel (het)	бродерия (ж)	[brodérija]
naald (de)	игла (ж)	[iglá]
draad (de)	конец (м)	[konéts]
naad (de)	тегел (м)	[tegél]
vies worden (ww)	изцапам се	[istsápam se]
vlek (de)	петно (с)	[petnó]
gekreukt raken (ov. kleren)	смачкам се	[smátʃkam se]
scheuren (ov.ww.)	скъсам	[skésam]
mot (de)	молец (м)	[moléts]

33. Persoonlijke verzorging. Schoonheidsmiddelen

tandpasta (de)	паста (ж) за зъби	[pásta za zébi]
tandenborstel (de)	четка (ж) за зъби	[tʃétka za zébi]
tanden poetsen (ww)	мия си зъбите	[míja si zébite]
scheermes (het)	бръснач (м)	[brəsnátʃ]
scheerschuim (het)	крем (м) за бръснене	[krem za brésnene]
zich scheren (ww)	бръсна се	[brésna se]
zeep (de)	сапун (м)	[sapún]
shampoo (de)	шампоан (м)	[ʃampoán]
schaar (de)	ножица (ж)	[nóʒitsa]
nagelvijl (de)	пиличка (ж) за нокти	[pílitʃka za nókti]
nagelknipper (de)	ножичка (ж) за нокти	[nóʒitʃka za nókti]
pincet (het)	пинсета (ж)	[pinséta]
cosmetica (mv.)	козметика (ж)	[kozmétika]
masker (het)	маска (ж)	[máska]
manicure (de)	маникюр (м)	[manikʲúr]
manicure doen	правя маникюр	[právʲa manikʲúr]
pedicure (de)	педикюр (м)	[pedikʲúr]
cosmetica tasje (het)	козметична чантичка (ж)	[kozmetítʃna tʃántitʃka]
poeder (de/het)	пудра (ж)	[púdra]
poederdoos (de)	пудриера (ж)	[pudriéra]
rouge (de)	руж (ж)	[ruʃ]
parfum (de/het)	парфюм (м)	[parfʲúm]
eau de toilet (de)	тоалетна вода (ж)	[toalétna vodá]
lotion (de)	лосион (м)	[losión]
eau de cologne (de)	одеколон (м)	[odekolón]
oogschaduw (de)	сенки (ж мн) за очи	[sénki za otʃí]
oogpotlood (het)	молив (м) за очи	[móliv za otʃí]
mascara (de)	спирала (ж)	[spirála]

lippenstift (de)	червило (c)	[tʃervílo]
nagellak (de)	лак (м) за нокти	[lak za nókti]
haarlak (de)	лак (м) за коса	[lak za kosá]
deodorant (de)	дезодорант (м)	[dezodoránt]
crème (de)	крем (м)	[krem]
gezichtscrème (de)	крем (м) за лице	[krem za litsé]
handcrème (de)	крем (м) за ръце	[krem za rətsé]
antirimpelcrème (de)	крем (м) срещу бръчки	[krem sreʃtú brétʃki]
dagcrème (de)	дневен крем (м)	[dnéven krem]
nachtcrème (de)	нощен крем (м)	[nóʃten krem]
dag- (abn)	дневен	[dnéven]
nacht- (abn)	нощен	[nóʃten]
tampon (de)	тампон (м)	[tampón]
toiletpapier (het)	тоалетна хартия (ж)	[toalétna hartíja]
föhn (de)	сешоар (м)	[seʃoár]

34. Horloges. Klokken

polshorloge (het)	часовник (м)	[tʃasóvnik]
wijzerplaat (de)	циферблат (м)	[tsiferblát]
wijzer (de)	стрелка (ж)	[strelká]
metalen horlogeband (de)	гривна (ж)	[grívna]
horlogebandje (het)	каишка (ж)	[kaíʃka]
batterij (de)	батерия (ж)	[batérija]
leeg zijn (ww)	батерията се изтощи	[batérijata se istoʃtí]
batterij vervangen	сменям батерия	[sménʲam batérija]
voorlopen (ww)	избързвам	[izbǎrzvam]
achterlopen (ww)	изоставам	[izostávam]
wandklok (de)	стенен часовник (м)	[sténen tʃasóvnik]
zandloper (de)	пясъчен часовник (м)	[pʲásətʃen tʃasóvnik]
zonnewijzer (de)	слънчев часовник (м)	[sléntʃev tʃasóvnik]
wekker (de)	будилник (м)	[budílnik]
horlogemaker (de)	часовникар (м)	[tʃasovnikár]
repareren (ww)	поправям	[poprávʲam]

Voedsel. Voeding

35. Voedsel

vlees (het)	месо (с)	[mesó]
kip (de)	кокошка (ж)	[kokóʃka]
kuiken (het)	пиле (с)	[píle]
eend (de)	патица (ж)	[pátitsa]
gans (de)	гъска (ж)	[géska]
wild (het)	дивеч (ж)	[dívetʃ]
kalkoen (de)	пуйка (ж)	[pújka]
varkensvlees (het)	свинско (с)	[svínsko]
kalfsvlees (het)	телешко месо (с)	[téleʃko mesó]
schapenvlees (het)	агнешко (с)	[ágneʃko]
rundvlees (het)	говеждо (с)	[govéʒdo]
konijnenvlees (het)	питомен заек (м)	[pítomen záek]
worst (de)	салам (м)	[salám]
saucijs (de)	кренвирш (м)	[krénvirʃ]
spek (het)	бекон (м)	[bekón]
ham (de)	шунка (ж)	[ʃúnka]
gerookte achterham (de)	бут (м)	[but]
paté (de)	пастет (м)	[pastét]
lever (de)	черен дроб (м)	[tʃéren drop]
gehakt (het)	кайма (ж)	[kajmá]
tong (de)	език (м)	[ezík]
ei (het)	яйце (с)	[jajtsé]
eieren (mv.)	яйца (с мн)	[jajtsá]
eiwit (het)	белтък (м)	[beltǝ́k]
eigeel (het)	жълтък (м)	[ʒǝltǝ́k]
vis (de)	риба (ж)	[ríba]
zeevruchten (mv.)	морски продукти (м мн)	[mórski prodúkti]
kaviaar (de)	хайвер (м)	[hajvér]
krab (de)	морски рак (м)	[mórski rak]
garnaal (de)	скарида (ж)	[skarída]
oester (de)	стрида (ж)	[strída]
langoest (de)	лангуста (ж)	[langústa]
octopus (de)	октопод (м)	[oktopót]
inktvis (de)	калмар (м)	[kalmár]
steur (de)	есетра (ж)	[esétra]
zalm (de)	сьомга (ж)	[sʲómga]
heilbot (de)	палтус (м)	[páltus]
kabeljauw (de)	треска (ж)	[tréska]
makreel (de)	скумрия (ж)	[skumríja]

tonijn (de)	риба тон (м)	[ríba ton]
paling (de)	змиорка (ж)	[zmiórka]
forel (de)	пъстърва (ж)	[pəstérva]
sardine (de)	сардина (ж)	[sardína]
snoek (de)	щука (ж)	[ʃtúka]
haring (de)	селда (ж)	[sélda]
brood (het)	хляб (м)	[hlʲap]
kaas (de)	кашкавал (м)	[kaʃkavál]
suiker (de)	захар (ж)	[záhar]
zout (het)	сол (ж)	[sol]
rijst (de)	ориз (м)	[oríz]
pasta (de)	макарони (мн)	[makaróni]
noedels (mv.)	юфка (ж)	[jufká]
boter (de)	краве масло (с)	[kráve masló]
plantaardige olie (de)	олио (с)	[ólio]
zonnebloemolie (de)	слънчогледово масло (с)	[sləntʃoglédovo máslo]
margarine (de)	маргарин (м)	[margarín]
olijven (mv.)	маслини (ж мн)	[maslíni]
olijfolie (de)	зехтин (м)	[zehtín]
melk (de)	мляко (с)	[mlʲáko]
gecondenseerde melk (de)	сгъстено мляко (с)	[sgəsténo mlʲáko]
yoghurt (de)	йогурт (м)	[jógurt]
zure room (de)	сметана (ж)	[smetána]
room (de)	каймак (м)	[kajmák]
mayonaise (de)	майонеза (ж)	[majonéza]
crème (de)	крем (м)	[krem]
graan (het)	грис, булгур (м)	[gris], [bulgúr]
meel (het), bloem (de)	брашно (с)	[braʃnó]
conserven (mv.)	консерви (ж мн)	[konsérvi]
maïsvlokken (mv.)	царевичен флейкс (м)	[tsárevitʃen flejks]
honing (de)	мед (м)	[met]
jam (de)	конфитюр (м)	[konfitʲúr]
kauwgom (de)	дъвка (ж)	[défka]

36. Drankjes

water (het)	вода (ж)	[vodá]
drinkwater (het)	питейна вода (ж)	[pitéjna vodá]
mineraalwater (het)	минерална вода (ж)	[minerálna vodá]
zonder gas	негазирана	[negazíran]
koolzuurhoudend (bn)	газирана	[gazíran]
bruisend (bn)	газирана	[gazíran]
ijs (het)	лед (м)	[let]
met ijs	с лед	[s let]

alcohol vrij (bn)	безалкохолен	[bezalkohólen]
alcohol vrije drank (de)	безалкохолна напитка (ж)	[bezalkohólna napítka]
frisdrank (de)	разхладителна напитка (ж)	[rashladítelna napítka]
limonade (de)	лимонада (ж)	[limonáda]
alcoholische dranken (mv.)	спиртни напитки (ж мн)	[spírtni napítki]
wijn (de)	вино (с)	[víno]
witte wijn (de)	бяло вино (с)	[bʲálo víno]
rode wijn (de)	червено вино (с)	[tʃervéno víno]
likeur (de)	ликьор (м)	[likʲór]
champagne (de)	шампанско (с)	[ʃampánsko]
vermout (de)	вермут (м)	[vermút]
whisky (de)	уиски (с)	[wíski]
wodka (de)	водка (ж)	[vótka]
gin (de)	джин (м)	[dʒin]
cognac (de)	коняк (м)	[konʲák]
rum (de)	ром (м)	[rom]
koffie (de)	кафе (с)	[kafé]
zwarte koffie (de)	черно кафе (с)	[tʃérno kafé]
koffie (de) met melk	кафе (с) с мляко	[kafé s mlʲáko]
cappuccino (de)	кафе (с) със сметана	[kafé səs smetána]
oploskoffie (de)	разтворимо кафе (с)	[rastvorímo kafé]
melk (de)	мляко (с)	[mlʲáko]
cocktail (de)	коктейл (м)	[koktéjl]
milkshake (de)	млечен коктейл (м)	[mlétʃen koktéjl]
sap (het)	сок (м)	[sok]
tomatensap (het)	доматен сок (м)	[domáten sok]
sinaasappelsap (het)	портокалов сок (м)	[portokálov sok]
vers geperst sap (het)	фреш (м)	[freʃ]
bier (het)	бира (ж)	[bíra]
licht bier (het)	светла бира (ж)	[svétla bíra]
donker bier (het)	тъмна бира (ж)	[témna bíra]
thee (de)	чай (м)	[tʃaj]
zwarte thee (de)	черен чай (м)	[tʃéren tʃaj]
groene thee (de)	зелен чай (м)	[zelén tʃaj]

37. Groenten

groenten (mv.)	зеленчуци (м мн)	[zelentʃútsi]
verse kruiden (mv.)	зарзават (м)	[zarzavát]
tomaat (de)	домат (м)	[domát]
augurk (de)	краставица (ж)	[krástavitsa]
wortel (de)	морков (м)	[mórkof]
aardappel (de)	картофи (мн)	[kartófi]
ui (de)	лук (м)	[luk]
knoflook (de)	чесън (м)	[tʃésən]

kool (de)	зеле (с)	[zéle]
bloemkool (de)	карфиол (м)	[karfiól]
spruitkool (de)	брюкселско зеле (с)	[brʲúkselsko zéle]
broccoli (de)	броколи (с)	[brókoli]

rode biet (de)	цвекло (с)	[tsveklό]
aubergine (de)	патладжан (м)	[patladʒán]
courgette (de)	тиквичка (ж)	[tíkvitʃka]
pompoen (de)	тиква (ж)	[tíkva]
raap (de)	ряпа (ж)	[rʲápa]

peterselie (de)	магданоз (м)	[magdanόz]
dille (de)	копър (м)	[kόpər]
sla (de)	салата (ж)	[saláta]
selderij (de)	целина (ж)	[tsélina]
asperge (de)	аспержа (ж)	[aspérʒa]
spinazie (de)	спанак (м)	[spanák]

erwt (de)	грах (м)	[grah]
bonen (mv.)	боб (м)	[bop]
maïs (de)	царевица (ж)	[tsárevitsa]
nierboon (de)	фасул (м)	[fasúl]

peper (de)	пипер (м)	[pipér]
radijs (de)	репичка (ж)	[répitʃka]
artisjok (de)	ангинар (м)	[anginár]

38. Vruchten. Noten

vrucht (de)	плод (м)	[plot]
appel (de)	ябълка (ж)	[jábəlka]
peer (de)	круша (ж)	[krúʃa]
citroen (de)	лимон (м)	[limόn]
sinaasappel (de)	портокал (м)	[portokál]
aardbei (de)	ягода (ж)	[jágoda]

mandarijn (de)	мандарина (ж)	[mandarína]
pruim (de)	слива (ж)	[slíva]
perzik (de)	праскова (ж)	[práskova]
abrikoos (de)	кайсия (ж)	[kajsíja]
framboos (de)	малина (ж)	[malína]
ananas (de)	ананас (м)	[ananás]

banaan (de)	банан (м)	[banán]
watermeloen (de)	диня (ж)	[dínʲa]
druif (de)	грозде (с)	[grόzde]
zure kers (de)	вишна (ж)	[víʃna]
zoete kers (de)	череша (ж)	[tʃeréʃa]
meloen (de)	пъпеш (м)	[pə́peʃ]

grapefruit (de)	грейпфрут (м)	[gréjpfrut]
avocado (de)	авокадо (с)	[avokádo]
papaja (de)	папая (ж)	[papája]
mango (de)	манго (с)	[mángo]

granaatappel (de)	нар (м)	[nar]
rode bes (de)	червено френско грозде (с)	[tʃervéno frénsko grózde]
zwarte bes (de)	черно френско грозде (с)	[tʃérno frénsko grózde]
kruisbes (de)	цариградско грозде (с)	[tsarigrátsko grózde]
blauwe bosbes (de)	боровинки (ж мн)	[borovínki]
braambes (de)	къпина (ж)	[kəpína]
rozijn (de)	стафиди (ж мн)	[stafídi]
vijg (de)	смокиня (ж)	[smokínʲa]
dadel (de)	фурма (ж)	[furmá]
pinda (de)	фъстък (м)	[fəsték]
amandel (de)	бадем (м)	[badém]
walnoot (de)	орех (м)	[óreh]
hazelnoot (de)	лешник (м)	[léʃnik]
kokosnoot (de)	кокосов орех (м)	[kokósov óreh]
pistaches (mv.)	шамфъстъци (м мн)	[ʃamfəstétsi]

39. Brood. Snoep

suikerbakkerij (de)	сладкарски изделия (с мн)	[slatkárski izdélija]
brood (het)	хляб (м)	[hlʲap]
koekje (het)	бисквити (ж мн)	[biskvíti]
chocolade (de)	шоколад (м)	[ʃokolát]
chocolade- (abn)	шоколадов	[ʃokoládov]
snoepje (het)	бонбон (м)	[bonbón]
cakeje (het)	паста (ж)	[pásta]
taart (bijv. verjaardags~)	торта (ж)	[tórta]
pastei (de)	пирог (м)	[pirók]
vulling (de)	плънка (ж)	[plénka]
confituur (de)	сладко (с)	[slátko]
marmelade (de)	мармалад (м)	[marmalát]
wafel (de)	вафли (ж мн)	[váfli]
ijsje (het)	сладолед (м)	[sladolét]

40. Bereide gerechten

gerecht (het)	ястие (с)	[jástie]
keuken (bijv. Franse ~)	кухня (ж)	[kúhnʲa]
recept (het)	рецепта (ж)	[retsépta]
portie (de)	порция (ж)	[pórtsija]
salade (de)	салата (ж)	[saláta]
soep (de)	супа (ж)	[súpa]
bouillon (de)	бульон (м)	[buljón]
boterham (de)	сандвич (м)	[sándvitʃ]
spiegelei (het)	пържени яйца (с мн)	[pérʒeni jajtsá]

hamburger (de)	хамбургер (м)	[hámburger]
biefstuk (de)	бифтек (м)	[bifték]
garnering (de)	гарнитура (ж)	[garnitúra]
spaghetti (de)	спагети (мн)	[spagéti]
aardappelpuree (de)	картофено пюре (с)	[kartófeno pʲuré]
pizza (de)	пица (ж)	[pítsa]
pap (de)	каша (ж)	[káʃa]
omelet (de)	омлет (м)	[omlét]
gekookt (in water)	варен	[varén]
gerookt (bn)	пушен	[púʃen]
gebakken (bn)	пържен	[pérʒen]
gedroogd (bn)	сушен	[suʃén]
diepvries (bn)	замразен	[zamrazén]
gemarineerd (bn)	маринован	[marinóvan]
zoet (bn)	сладък	[sládək]
gezouten (bn)	солен	[solén]
koud (bn)	студен	[studén]
heet (bn)	горещ	[goréʃt]
bitter (bn)	горчив	[gortʃív]
lekker (bn)	вкусен	[fkúsen]
koken (in kokend water)	готвя	[gótvʲa]
bereiden (avondmaaltijd ~)	готвя	[gótvʲa]
bakken (ww)	пържа	[pérʒa]
opwarmen (ww)	затоплям	[zatóplʲam]
zouten (ww)	соля	[solʲá]
peperen (ww)	слагам пипер	[slágam pipér]
raspen (ww)	стъргам	[stérgam]
schil (de)	кожа (ж)	[kóʒa]
schillen (ww)	беля	[bélʲa]

41. Kruiden

zout (het)	сол (ж)	[sol]
gezouten (bn)	солен	[solén]
zouten (ww)	соля	[solʲá]
zwarte peper (de)	черен пипер (м)	[tʃéren pipér]
rode peper (de)	червен пипер (м)	[tʃervén pipér]
mosterd (de)	горчица (ж)	[gortʃítsa]
mierikswortel (de)	хрян (м)	[hrʲan]
condiment (het)	подправка (ж)	[podpráfka]
specerij, kruiderij (de)	подправка (ж)	[podpráfka]
saus (de)	сос (м)	[sos]
azijn (de)	оцет (м)	[otsét]
anijs (de)	анасон (м)	[anasón]
basilicum (de)	босилек (м)	[bosílek]
kruidnagel (de)	карамфил (м)	[karamfíl]

gember (de)	джинджифил (м)	[dʒindʒifíl]
koriander (de)	кориандър (м)	[koriándər]
kaneel (de/het)	канела (ж)	[kanéla]
sesamzaad (het)	сусам (м)	[susám]
laurierblad (het)	дафинов лист (м)	[dafínov list]
paprika (de)	червен пипер (м)	[tʃervén pipér]
komijn (de)	черен тмин (м)	[tʃéren tmin]
saffraan (de)	шафран (м)	[ʃafrán]

42. Maaltijden

eten (het)	храна (ж)	[hraná]
eten (ww)	ям	[jam]
ontbijt (het)	закуска (ж)	[zakúska]
ontbijten (ww)	закусвам	[zakúsvam]
lunch (de)	обяд (м)	[obʲát]
lunchen (ww)	обядвам	[obʲádvam]
avondeten (het)	вечеря (ж)	[vetʃérʲa]
souperen (ww)	вечерям	[vetʃérʲam]
eetlust (de)	апетит (м)	[apetít]
Eet smakelijk!	Добър апетит!	[dobər apetít]
openen (een fles ~)	отварям	[otvárʲam]
morsen (koffie, enz.)	излея	[izléja]
zijn gemorst	излея се	[izléja se]
koken (water kookt bij 100°C)	вря	[vrʲa]
koken (Hoe om water te ~)	варя до кипване	[varʲá do kípvane]
gekookt (~ water)	преварен	[prevarén]
afkoelen (koeler maken)	охладя	[ohladʲá]
afkoelen (koeler worden)	изстудявам се	[isstudʲávam se]
smaak (de)	вкус (м)	[fkus]
nasmaak (de)	привкус (м)	[prífkus]
volgen een dieet	отслабвам	[otslábvam]
dieet (het)	диета (ж)	[diéta]
vitamine (de)	витамин (м)	[vitamín]
calorie (de)	калория (ж)	[kalórija]
vegetariër (de)	вегетарианец (м)	[vegetariánets]
vegetarisch (bn)	вегетариански	[vegetariánski]
vetten (mv.)	мазнини (ж мн)	[maznmí]
eiwitten (mv.)	белтъчини (ж мн)	[beltətʃiní]
koolhydraten (mv.)	въглехидрати (м мн)	[vəglehidráti]
snede (de)	резенче (с)	[rézentʃe]
stuk (bijv. een ~ taart)	парче (с)	[partʃé]
kruimel (de)	троха (ж)	[trohá]

43. Tafelschikking

lepel (de)	лъжица (ж)	[ləʒítsa]
mes (het)	нож (м)	[noʒ]
vork (de)	вилица (ж)	[vílitsa]
kopje (het)	чаша (ж)	[tʃáʃa]
bord (het)	чиния (ж)	[tʃiníja]
schoteltje (het)	чинийка (ж)	[tʃiníjka]
servet (het)	салфетка (ж)	[salfétka]
tandenstoker (de)	клечка (ж) за зъби	[klétʃka za zébi]

44. Restaurant

restaurant (het)	ресторант (м)	[restoránt]
koffiehuis (het)	кафене (с)	[kafené]
bar (de)	бар (м)	[bar]
tearoom (de)	чаен салон (м)	[tʃáen salón]
kelner, ober (de)	сервитьор (м)	[servitʲór]
serveerster (de)	сервитьорка (ж)	[servitʲórka]
barman (de)	барман (м)	[bárman]
menu (het)	меню (с)	[menʲú]
wijnkaart (de)	карта (ж) на виното	[kárta na vínoto]
een tafel reserveren	резервирам масичка	[rezervíram másitʃka]
gerecht (het)	ядене (с)	[jádene]
bestellen (eten ~)	поръчам	[porétʃam]
een bestelling maken	правя поръчка	[právʲa porétʃka]
aperitief (de/het)	аперитив (м)	[aperitív]
voorgerecht (het)	мезе (с)	[mezé]
dessert (het)	десерт (м)	[desért]
rekening (de)	сметка (ж)	[smétka]
de rekening betalen	плащам сметка	[pláʃtam smétka]
wisselgeld teruggeven	връщам ресто	[vréʃtam résto]
fooi (de)	бакшиш (м)	[bakʃíʃ]

Familie, verwanten en vrienden

45. Persoonlijke informatie. Formulieren

naam (de)	име (c)	[íme]
achternaam (de)	фамилия (ж)	[famílija]
geboortedatum (de)	дата (ж) на раждане	[dáta na rázdane]
geboorteplaats (de)	място (c) на раждане	[mʲásto na rázdane]
nationaliteit (de)	националност (ж)	[natsionálnost]
woonplaats (de)	местожителство (c)	[mestozítelstvo]
land (het)	страна (ж)	[straná]
beroep (het)	професия (ж)	[profésija]
geslacht	пол (м)	[pol]
(ov. het vrouwelijk ~)		
lengte (de)	ръст (м)	[rəst]
gewicht (het)	тегло (c)	[tegló]

46. Familieleden. Verwanten

moeder (de)	майка (ж)	[májka]
vader (de)	баща (м)	[baʃtá]
zoon (de)	син (м)	[sin]
dochter (de)	дъщеря (ж)	[dəʃterʲá]
jongste dochter (de)	по-малка дъщеря (ж)	[po-málka dəʃterʲá]
jongste zoon (de)	по-малък син (м)	[po-málək sin]
oudste dochter (de)	по-голяма дъщеря (ж)	[po-golʲáma dəʃterʲá]
oudste zoon (de)	по-голям син (м)	[po-golʲám sin]
broer (de)	брат (м)	[brat]
zuster (de)	сестра (ж)	[sestrá]
neef (zoon van oom, tante)	братовчед (м)	[bratovtʃét]
nicht (dochter van oom, tante)	братовчедка (ж)	[bratovtʃétka]
mama (de)	мама (ж)	[máma]
papa (de)	татко (м)	[tátko]
ouders (mv.)	родители (м мн)	[rodíteli]
kind (het)	дете (c)	[deté]
kinderen (mv.)	деца (c мн)	[detsá]
oma (de)	баба (ж)	[bába]
opa (de)	дядо (м)	[dʲádo]
kleinzoon (de)	внук (м)	[vnuk]
kleindochter (de)	внучка (ж)	[vnútʃka]
kleinkinderen (mv.)	внуци (м мн)	[vnútsi]

oom (de)	вуйчо (м)	[vújtʃo]
tante (de)	леля (ж)	[lélʲa]
neef (zoon van broer, zus)	племенник (м)	[plémennik]
nicht (dochter van broer, zus)	племенница (ж)	[plémennitsa]
schoonmoeder (de)	тъща (ж)	[téʃta]
schoonvader (de)	свекър (м)	[svékər]
schoonzoon (de)	зет (м)	[zet]
stiefmoeder (de)	мащеха (ж)	[máʃteha]
stiefvader (de)	пастрок (м)	[pástrok]
zuigeling (de)	кърмаче (с)	[kərmátʃe]
wiegenkind (het)	бебе (с)	[bébe]
kleuter (de)	момченце (с)	[momtʃéntse]
vrouw (de)	жена (ж)	[ʒená]
man (de)	мъж (м)	[məʒ]
echtgenoot (de)	съпруг (м)	[səprúk]
echtgenote (de)	съпруга (ж)	[səprúga]
gehuwd (mann.)	женен	[ʒénen]
gehuwd (vrouw.)	омъжена	[oméʒena]
ongehuwd (mann.)	неженен	[neʒénen]
vrijgezel (de)	ерген (м)	[ergén]
gescheiden (bn)	разведен	[razvéden]
weduwe (de)	вдовица (ж)	[vdovítsa]
weduwnaar (de)	вдовец (м)	[vdovéts]
familielid (het)	роднина (м, ж)	[rodnína]
dichte familielid (het)	близък роднина (м)	[blízək rodnína]
verre familielid (het)	далечен роднина (м)	[dalétʃen rodnína]
familieleden (mv.)	роднини (мн)	[rodníni]
wees (de), weeskind (het)	сирак (м)	[sirák]
voogd (de)	опекун (м)	[opekún]
adopteren (een jongen te ~)	осиновявам	[osinovʲávam]
adopteren (een meisje te ~)	осиновявам момиче	[osinovʲávam momítʃe]

Geneeskunde

47. Ziekten

ziekte (de)	болест (ж)	[bólest]
ziek zijn (ww)	боледувам	[boledúvam]
gezondheid (de)	здраве (с)	[zdráve]

snotneus (de)	хрема (ж)	[hréma]
angina (de)	ангина (ж)	[angína]
verkoudheid (de)	настинка (ж)	[nastínka]
verkouden raken (ww)	настина	[nastína]

bronchitis (de)	бронхит (м)	[bronhít]
longontsteking (de)	пневмония (ж)	[pnevmoníja]
griep (de)	грип (м)	[grip]

bijziend (bn)	късоглед	[kəsoglét]
verziend (bn)	далекоглед	[dalekoglét]
scheelheid (de)	кривогледство (с)	[krivoglétstvo]
scheel (bn)	кривоглед	[krivoglét]
grauwe staar (de)	катаракта (ж)	[katarákta]
glaucoom (het)	глаукома (ж)	[glaukóma]

beroerte (de)	инсулт (м)	[insúlt]
hartinfarct (het)	инфаркт (м)	[infárkt]
myocardiaal infarct (het)	инфаркт (м) на миокарда	[infárkt na miokárda]
verlamming (de)	парализа (ж)	[paráliza]
verlammen (ww)	парализирам	[paralizíram]

allergie (de)	алергия (ж)	[alérgija]
astma (de/het)	астма (ж)	[ástma]
diabetes (de)	диабет (м)	[diabét]

tandpijn (de)	зъбобол (м)	[zəboból]
tandbederf (het)	кариес (м)	[káries]

diarree (de)	диария (ж)	[diárija]
constipatie (de)	запек (м)	[zápek]
maagstoornis (de)	разстройство (с) на стомаха	[rastrójstvo na stomáha]
voedselvergiftiging (de)	отравяне (с)	[otrávʲane]
voedselvergiftiging oplopen	отровя се	[otróvʲa se]

artritis (de)	артрит (м)	[artrít]
rachitis (de)	рахит (м)	[rahít]
reuma (het)	ревматизъм (м)	[revmatízəm]
arteriosclerose (de)	атеросклероза (ж)	[aterosklerόza]
gastritis (de)	гастрит (м)	[gastrít]
blindedarmontsteking (de)	апандисит (м)	[apandisít]

galblaasontsteking (de)	холецистит (м)	[holetsistít]
zweer (de)	язва (ж)	[jázva]

mazelen (mv.)	дребна шарка (ж)	[drébna ʃárka]
rodehond (de)	шарка (ж)	[ʃárka]
geelzucht (de)	жълтеница (ж)	[zəltenítsa]
leverontsteking (de)	хепатит (м)	[hepatít]

schizofrenie (de)	шизофрения (ж)	[ʃizofeníja]
dolheid (de)	бяс (м)	[bʲas]
neurose (de)	невроза (ж)	[nevróza]
hersenschudding (de)	сътресение (с) на мозъка	[sətresénie na mózəka]

kanker (de)	рак (м)	[rak]
sclerose (de)	склероза (ж)	[skleróza]
multiple sclerose (de)	множествена склероза (ж)	[mnóʒestvena skleróza]

alcoholisme (het)	алкохолизъм (м)	[alkoholízəm]
alcoholicus (de)	алкохолик (м)	[alkoholík]
syfilis (de)	сифилис (м)	[sífilis]
AIDS (de)	СПИН (м)	[spin]

tumor (de)	тумор (м)	[túmor]
kwaadaardig (bn)	злокачествен	[zlokátʃestven]
goedaardig (bn)	доброкачествен	[dobrokátʃestven]

koorts (de)	треска (ж)	[tréska]
malaria (de)	малария (ж)	[malárija]
gangreen (het)	гангрена (ж)	[gangréna]
zeeziekte (de)	морска болест (ж)	[mórska bólest]
epilepsie (de)	епилепсия (ж)	[epilépsija]

epidemie (de)	епидемия (ж)	[epidémija]
tyfus (de)	тиф (м)	[tif]
tuberculose (de)	туберкулоза (ж)	[tuberkulóza]
cholera (de)	холера (ж)	[holéra]
pest (de)	чума (ж)	[tʃúma]

48. Symptomen. Behandelingen. Deel 1

symptoom (het)	симптом (м)	[simptóm]
temperatuur (de)	температура (ж)	[temperatúra]
verhoogde temperatuur (de)	висока температура (ж)	[visóka temperatúra]
polsslag (de)	пулс (м)	[puls]

duizeling (de)	световъртеж (м)	[svetovərtéʃ]
heet (erg warm)	горещ	[goréʃt]
koude rillingen (mv.)	трръпки (ж мн)	[trépki]
bleek (bn)	бледен	[bléden]

hoest (de)	кашлица (ж)	[káʃlitsa]
hoesten (ww)	кашлям	[káʃlʲam]
niezen (ww)	кихам	[kíham]
flauwte (de)	припадък (м)	[pripádək]

flauwvallen (ww)	припадна	[pripádna]
blauwe plek (de)	синина (ж)	[sininá]
buil (de)	подутина (ж)	[podutiná]
zich stoten (ww)	ударя се	[udárʲa se]
kneuzing (de)	натъртване (с)	[natértvane]
kneuzen (gekneusd zijn)	ударя се	[udárʲa se]
hinken (ww)	куцам	[kútsam]
verstuiking (de)	изкълчване (с)	[iskéltʃvane]
verstuiken (enkel, enz.)	навехна	[navéhna]
breuk (de)	фрактура (ж)	[fraktúra]
een breuk oplopen	счупя	[stʃúpʲa]
snijwond (de)	порязване (с)	[porʲázvane]
zich snijden (ww)	порежа се	[poréʒa se]
bloeding (de)	кръвотечение (с)	[krəvotetʃénie]
brandwond (de)	изгаряне (с)	[izgárʲane]
zich branden (ww)	опаря се	[opárʲa se]
prikken (ww)	бодна	[bódna]
zich prikken (ww)	убода се	[ubodá se]
blesseren (ww)	араня	[naranʲá]
blessure (letsel)	рана (ж)	[rána]
wond (de)	рана (ж)	[rána]
trauma (het)	травма (ж)	[trávma]
ijlen (ww)	бълнувам	[bəlnúvam]
stotteren (ww)	заеквам	[zaékvam]
zonnesteek (de)	слънчев удар (м)	[sléntʃev údar]

49. Symptomen. Behandelingen. Deel 2

pijn (de)	болка (ж)	[bólka]
splinter (de)	трънче (с)	[tréntʃe]
zweet (het)	пот (ж)	[pot]
zweten (ww)	потя се	[potʲá se]
braking (de)	повръщане (с)	[povréʃtane]
stuiptrekkingen (mv.)	гърчове (м мн)	[gértʃove]
zwanger (bn)	бременна	[brémenna]
geboren worden (ww)	родя се	[rodʲá se]
geboorte (de)	раждане (с)	[ráʒdane]
baren (ww)	раждам	[ráʒdam]
abortus (de)	аборт (м)	[abórt]
ademhaling (de)	дишане (с)	[díʃane]
inademing (de)	вдишване (с)	[vdíʃvane]
uitademing (de)	издишване (с)	[izdíʃvane]
uitademen (ww)	издишам	[izdíʃam]
inademen (ww)	направя вдишване	[naprávʲa vdíʃvane]
invalide (de)	инвалид (м)	[invalít]
gehandicapte (de)	сакат човек (м)	[sakát tʃovék]

drugsverslaafde (de)	наркоман (м)	[narkomán]
doof (bn)	глух	[gluh]
stom (bn)	ням	[nʲam]
doofstom (bn)	глухоням	[gluhonʲám]
krankzinnig (bn)	луд	[lut]
krankzinnige (man)	луд (м)	[lut]
krankzinnige (vrouw)	луда (ж)	[lúda]
krankzinnig worden	полудея	[poludéja]
gen (het)	ген (м)	[gen]
immuniteit (de)	имунитет (м)	[imunitét]
erfelijk (bn)	наследствен	[naslétstven]
aangeboren (bn)	вроден	[vrodén]
virus (het)	вирус (м)	[vírus]
microbe (de)	микроб (м)	[mikróp]
bacterie (de)	бактерия (ж)	[baktérija]
infectie (de)	инфекция (ж)	[inféktsija]

50. Symptomen. Behandelingen. Deel 3

ziekenhuis (het)	болница (ж)	[bólnitsa]
patiënt (de)	пациент (м)	[patsiént]
diagnose (de)	диагноза (ж)	[diagnóza]
genezing (de)	лекуване (с)	[lekúvane]
medische behandeling (de)	лекуване (с)	[lekúvane]
onder behandeling zijn	лекувам се	[lekúvam se]
behandelen (ww)	лекувам	[lekúvam]
zorgen (zieken ~)	грижа се	[gríʒa se]
ziekenzorg (de)	грижа (ж)	[gríʒa]
operatie (de)	операция (ж)	[operátsija]
verbinden (een arm ~)	превържа	[prevérʒa]
verband (het)	превързване (с)	[prevérzvane]
vaccin (het)	ваксиниране (с)	[vaksinírane]
inenten (vaccineren)	ваксинирам	[vaksiníram]
injectie (de)	инжекция (ж)	[inʒéktsija]
een injectie geven	инжектирам	[inʒektíram]
aanval (de)	пристъп, припадък (м)	[prístəp], [pripadək]
amputatie (de)	ампутация (ж)	[amputátsija]
amputeren (ww)	ампутирам	[amputíram]
coma (het)	кома (ж)	[kóma]
in coma liggen	намирам се в кома	[namíram se v kóma]
intensieve zorg, ICU (de)	реанимация (ж)	[reanimátsija]
zich herstellen (ww)	оздравявам	[ozdravʲávam]
toestand (de)	състояние (с)	[səstojánie]
bewustzijn (het)	съзнание (с)	[səznánie]
geheugen (het)	памет (ж)	[pámet]
trekken (een kies ~)	вадя	[vádʲa]

vulling (de)	пломба (ж)	[plómba]
vullen (ww)	пломбирам	[plombíram]
hypnose (de)	хипноза (ж)	[hipnóza]
hypnotiseren (ww)	хипнотизирам	[hipnotizíram]

51. Artsen

dokter, arts (de)	лекар (м)	[lékar]
ziekenzuster (de)	медицинска сестра (ж)	[meditsínska sestrá]
lijfarts (de)	личен лекар (м)	[líʧen lékar]
tandarts (de)	зъболекар (м)	[zəbolékar]
oogarts (de)	очен лекар (м)	[óʧen lékar]
therapeut (de)	терапевт (м)	[terapéft]
chirurg (de)	хирург (м)	[hirúrk]
psychiater (de)	психиатър (м)	[psihiátər]
pediater (de)	педиатър (м)	[pediátər]
psycholoog (de)	психолог (м)	[psihológ]
gynaecoloog (de)	гинеколог (м)	[ginekológ]
cardioloog (de)	кардиолог (м)	[kardiológ]

52. Geneeskunde. Medicijnen. Accessoires

geneesmiddel (het)	лекарство (с)	[lekárstvo]
middel (het)	средство (с)	[srétstvo]
voorschrijven (ww)	предписа	[pretpíʃa]
recept (het)	рецепта (ж)	[retsépta]
tablet (de/het)	таблетка (ж)	[tablétka]
zalf (de)	мехлем (м)	[mehlém]
ampul (de)	ампула (ж)	[ampúla]
drank (de)	микстура (ж)	[mikstúra]
siroop (de)	сироп (м)	[siróp]
pil (de)	хапче (с)	[hápʧe]
poeder (de/het)	прах (м)	[prah]
verband (het)	бинт (м)	[bint]
watten (mv.)	памук (м)	[pamúk]
jodium (het)	йод (м)	[jot]
pleister (de)	пластир (м)	[plastír]
pipet (de)	капкомер (м)	[kapkomér]
thermometer (de)	термометър (м)	[termométər]
spuit (de)	спринцовка (ж)	[sprintsófka]
rolstoel (de)	инвалидна количка (ж)	[invalídna kolíʧka]
krukken (mv.)	патерици (ж мн)	[páteritsi]
pijnstiller (de)	обезболяващо средство (с)	[obezbolʲávaʃto srétstvo]
laxeermiddel (het)	очистително (с)	[oʧistítelno]

spiritus (de) спирт (м) [spirt]
medicinale kruiden (mv.) билка (ж) [bílka]
kruiden- (abn) билков [bílkov]

HET MENSELIJKE LEEFGEBIED

Stad

53. Stad. Het leven in de stad

stad (de)	град (м)	[grat]
hoofdstad (de)	столица (ж)	[stólitsa]
dorp (het)	село (с)	[sélo]
plattegrond (de)	план (м) на града	[plan na gradá]
centrum (ov. een stad)	център (м) на града	[tséntər na gradá]
voorstad (de)	предградие (с)	[predgrádie]
voorstads- (abn)	крайградски	[krajgrátski]
randgemeente (de)	покрайнина (ж)	[pokrajniná]
omgeving (de)	околности (мн)	[okólnosti]
blok (huizenblok)	квартал (м)	[kvartál]
woonwijk (de)	жилищен квартал (м)	[ʒíliʃten kvartál]
verkeer (het)	движение (с)	[dviʒénie]
verkeerslicht (het)	светофар (м)	[svetofár]
openbaar vervoer (het)	градски транспорт (м)	[grátski transpórt]
kruispunt (het)	кръстовище (с)	[krəstóviʃte]
zebrapad (oversteekplaats)	зебра (ж)	[zébra]
onderdoorgang (de)	подлез (м)	[pódlez]
oversteken (de straat ~)	пресичам	[presítʃam]
voetganger (de)	пешеходец (м)	[peʃehódets]
trottoir (het)	тротоар (м)	[trotoár]
brug (de)	мост (м)	[most]
dijk (de)	кей (м)	[kej]
fontein (de)	фонтан (м)	[fontán]
allee (de)	алея (ж)	[aléja]
park (het)	парк (м)	[park]
boulevard (de)	булевард (м)	[bulevárt]
plein (het)	площад (м)	[ploʃtát]
laan (de)	авеню (с)	[avenʲú]
straat (de)	улица (ж)	[úlitsa]
zijstraat (de)	пресечка (ж)	[presétʃka]
doodlopende straat (de)	задънена улица (ж)	[zadénena úlitsa]
huis (het)	къща (ж)	[kéʃta]
gebouw (het)	сграда (ж)	[zgráda]
wolkenkrabber (de)	небостъргач (м)	[nebostərgátʃ]
gevel (de)	фасада (ж)	[fasáda]
dak (het)	покрив (м)	[pókriv]

venster (het)	прозорец (м)	[prozórets]
boog (de)	арка (ж)	[árka]
pilaar (de)	колона (ж)	[kolóna]
hoek (ov. een gebouw)	ъгъл (м)	[ógəl]

vitrine (de)	витрина (ж)	[vitrína]
gevelreclame (de)	табела (ж)	[tabéla]
affiche (de/het)	афиш (м)	[afíʃ]
reclameposter (de)	постер (м)	[póster]
aanplakbord (het)	билборд (м)	[bilbórt]

vuilnis (de/het)	боклук (м)	[boklúk]
vuilnisbak (de)	кошче (с)	[kóʃtʃe]
afval weggooien (ww)	правя боклук	[právʲa boklúk]
stortplaats (de)	сметище (с)	[smétiʃte]

telefooncel (de)	телефонна будка (ж)	[telefónna bútka]
straatlicht (het)	стълб (м) с фенер	[stəlp s fenér]
bank (de)	пейка (ж)	[péjka]

politieagent (de)	полицай (м)	[politsáj]
politie (de)	полиция (ж)	[polítsija]
zwerver (de)	сиромах (м)	[siromáh]
dakloze (de)	бездомник (м)	[bezdómnik]

54. Stedelijke instellingen

winkel (de)	магазин (м)	[magazín]
apotheek (de)	аптека (ж)	[aptéka]
optiek (de)	оптика (ж)	[óptika]
winkelcentrum (het)	търговски център (м)	[tərgófski tséntər]
supermarkt (de)	супермаркет (м)	[supermárket]

bakkerij (de)	хлебарница (ж)	[hlebárnitsa]
bakker (de)	фурнаджия (ж)	[furnadʒíja]
banketbakkerij (de)	сладкарница (ж)	[slatkárnitsa]
kruidenier (de)	бакалия (ж)	[bakalíja]
slagerij (de)	месарница (ж)	[mesárnitsa]

groentewinkel (de)	магазин (м) за плодове и зеленчуци	[magazín za plodové i zelentʃútsi]
markt (de)	пазар (м)	[pazár]

koffiehuis (het)	кафене (с)	[kafené]
restaurant (het)	ресторант (м)	[restoránt]
bar (de)	бирария (ж)	[birárija]
pizzeria (de)	пицария (ж)	[pitsaríja]

kapperssalon (de/het)	фризьорски салон (м)	[frizʲórski salón]
postkantoor (het)	поща (ж)	[póʃta]
stomerij (de)	химическо чистене (с)	[himítʃesko tʃístene]
fotostudio (de)	фотостудио (с)	[fotostúdio]
schoenwinkel (de)	магазин (м) за обувки	[magazín za obúfki]
boekhandel (de)	книжарница (ж)	[kniʒárnitsa]

sportwinkel (de)	магазин (м) за спортни стоки	[magazín za spórtni stóki]
kledingreparatie (de)	поправка (ж) на дрехи	[popráfka na dréhi]
kledingverhuur (de)	дрехи (ж мн) под наем	[dréhi pot náem]
videotheek (de)	филми (м мн) под наем	[fílmi pot náem]
circus (de/het)	цирк (м)	[tsirk]
dierentuin (de)	зоологическа градина (ж)	[zoologítʃeska gradína]
bioscoop (de)	кино (с)	[kíno]
museum (het)	музей (м)	[muzéj]
bibliotheek (de)	библиотека (ж)	[bibliotéka]
theater (het)	театър (м)	[teátər]
opera (de)	опера (ж)	[ópera]
nachtclub (de)	нощен клуб (м)	[nóʃten klup]
casino (het)	казино (с)	[kazíno]
moskee (de)	джамия (ж)	[dʒamíja]
synagoge (de)	синагога (ж)	[sinagóga]
kathedraal (de)	катедрала (ж)	[katedrála]
tempel (de)	храм (м)	[hram]
kerk (de)	църква (ж)	[tsə́rkva]
instituut (het)	институт (м)	[institút]
universiteit (de)	университет (м)	[universitét]
school (de)	училище (с)	[utʃíliʃte]
gemeentehuis (het)	префектура (ж)	[prefektúra]
stadhuis (het)	кметство (с)	[kmétstvo]
hotel (het)	хотел (м)	[hotél]
bank (de)	банка (ж)	[bánka]
ambassade (de)	посолство (с)	[posólstvo]
reisbureau (het)	туристическа агенция (ж)	[turistítʃeska agéntsija]
informatieloket (het)	справки (м мн)	[spráfki]
wisselkantoor (het)	обменно бюро (с)	[obménno bʲúro]
metro (de)	метро (с)	[metró]
ziekenhuis (het)	болница (ж)	[bólnitsa]
benzinestation (het)	бензиностанция (ж)	[benzino·stántsija]
parking (de)	паркинг (м)	[párking]

55. Borden

gevelreclame (de)	табела (ж)	[tabéla]
opschrift (het)	надпис (м)	[nádpis]
poster (de)	постер (м)	[póster]
wegwijzer (de)	указател (м)	[ukazátel]
pijl (de)	стрелка (ж)	[strelká]
waarschuwing (verwittiging)	предпазване (с)	[predpázvane]
waarschuwingsbord (het)	предупреждение (с)	[predupreʒdénie]
waarschuwen (ww)	предупредя	[predupredʲá]

vrije dag (de)	почивен ден (м)	[potʃíven dén]
dienstregeling (de)	разписание (с)	[raspisánie]
openingsuren (mv.)	работно време (с)	[rabótno vréme]
WELKOM!	ДОБРЕ ДОШЛИ!	[dobré doʃlí]
INGANG	ВХОД	[vhot]
UITGANG	ИЗХОД	[íshot]
DUWEN	БУТНИ	[butní]
TREKKEN	ДРЪПНИ	[drəpní]
OPEN	ОТВОРЕНО	[otvóreno]
GESLOTEN	ЗАТВОРЕНО	[zatvóreno]
DAMES	ЖЕНИ	[ʒení]
HEREN	МЪЖЕ	[məʒé]
KORTING	НАМАЛЕНИЕ	[namalénie]
UITVERKOOP	РАЗПРОДАЖБА	[rasprodáʒba]
NIEUW!	НОВА СТОКА	[nóva stóka]
GRATIS	БЕЗПЛАТНО	[besplátno]
PAS OP!	ВНИМАНИЕ!	[vnimánie]
VOLGEBOEKT	НЯМА СВОБОДНИ МЕСТА	[nʲáma svobódni mestá]
GERESERVEERD	РЕЗЕРВИРАНО	[rezervírano]
ADMINISTRATIE	АДМИНИСТРАЦИЯ	[administrátsija]
ALLEEN VOOR	ЗАБРАНЕНО	[zabráneno
PERSONEEL	ЗА ВЪНШНИ ЛИЦА	za venʃni lítsa]
GEVAARLIJKE HOND	ЗЛО КУЧЕ	[zlo kútʃe]
VERBODEN TE ROKEN!	ПУШЕНЕТО ЗАБРАНЕНО!	[puʃenéto zabráneno]
NIET AANRAKEN!	НЕ ПИПАЙ!	[ne pípaj]
GEVAARLIJK	ОПАСНО	[opásno]
GEVAAR	ОПАСНОСТ	[opásnost]
HOOGSPANNING	ВИСОКО НАПРЕЖЕНИЕ	[visóko napreʒénie]
VERBODEN TE ZWEMMEN	КЪПАНЕТО ЗАБРАНЕНО	[képaneto zabranéno]
BUITEN GEBRUIK	НЕ РАБОТИ	[ne rabóti]
ONTVLAMBAAR	ОГНЕОПАСНО	[ogneopásno]
VERBODEN	ЗАБРАНЕНО	[zabranéno]
DOORGANG VERBODEN	МИНАВАНЕТО ЗАБРАНЕНО	[minávaneto zabranéno]
OPGELET PAS GEVERFD	ПАЗИ СЕ ОТ БОЯТА	[pazi se ot bojáta]

56. Stedelijk vervoer

bus, autobus (de)	автобус (м)	[aftobús]
tram (de)	трамвай (м)	[tramváj]
trolleybus (de)	тролей (м)	[troléj]
route (de)	маршрут (м)	[marʃrút]
nummer (busnummer, enz.)	номер (м)	[nómer]
rijden met ...	пътувам с ...	[pətúvam s]
stappen (in de bus ~)	качвам се в ...	[kátʃvam se v]

afstappen (ww)	сляза от ...	[slʲáza ot]
halte (de)	спирка (ж)	[spírka]
volgende halte (de)	следваща спирка (ж)	[slédvaʃta spírka]
eindpunt (het)	последна спирка (ж)	[poslédna spírka]
dienstregeling (de)	разписание (с)	[raspisánie]
wachten (ww)	чакам	[tʃákam]

| kaartje (het) | билет (м) | [bilét] |
| reiskosten (de) | цена (ж) на билета | [tsená na biléta] |

kassier (de)	касиер (м)	[kasiér]
kaartcontrole (de)	контрола (ж)	[kontróla]
controleur (de)	контрольор (м)	[kontrolʲór]

te laat zijn (ww)	закъснявам	[zakəsnʲávam]
missen (de bus ~)	закъснея за ...	[zakəsnéja za]
zich haasten (ww)	бързам	[bérzam]

taxi (de)	такси (с)	[taksí]
taxichauffeur (de)	таксиметров шофьор (м)	[taksimétrof ʃofʲór]
met de taxi (bw)	с такси	[s taksí]
taxistandplaats (de)	пиаца (ж) на такси	[piátsa na taksí]
een taxi bestellen	извикам такси	[izvíkam taksí]
een taxi nemen	взема такси	[vzéma taksí]

verkeer (het)	улично движение (с)	[úlitʃno dviʒénie]
file (de)	задръстване (с)	[zadréstvane]
spitsuur (het)	час пик (м)	[tʃas pík]
parkeren (on.ww.)	паркирам се	[parkíram se]
parkeren (ov.ww.)	паркирам	[párkiram]
parking (de)	паркинг (м)	[párking]

metro (de)	метро (с)	[metró]
halte (bijv. kleine treinhalte)	станция (ж)	[stántsija]
de metro nemen	пътувам с метро	[pətúvam s metró]
trein (de)	влак (м)	[vlak]
station (treinstation)	гара (ж)	[gára]

57. Bezienswaardigheden

monument (het)	паметник (м)	[pámetnik]
vesting (de)	крепост (ж)	[krépost]
paleis (het)	дворец (м)	[dvoréts]
kasteel (het)	замък (м)	[zámək]
toren (de)	кула (ж)	[kúla]
mausoleum (het)	мавзолей (м)	[mavzoléj]

architectuur (de)	архитектура (ж)	[arhitektúra]
middeleeuws (bn)	средновековен	[srednovekóven]
oud (bn)	старинен	[starínen]
nationaal (bn)	национален	[natsionálen]
bekend (bn)	известен	[izvésten]
toerist (de)	турист (м)	[turíst]
gids (de)	гид (м)	[git]

rondleiding (de)	екскурзия (ж)	[ekskúrzija]
tonen (ww)	показвам	[pokázvam]
vertellen (ww)	разказвам	[raskázvam]
vinden (ww)	намеря	[namér'a]
verdwalen (de weg kwijt zijn)	загубя се	[zagúb'a se]
plattegrond (~ van de metro)	схема (ж)	[shéma]
plattegrond (~ van de stad)	план (м)	[plan]
souvenir (het)	сувенир (м)	[suveníг]
souvenirwinkel (de)	сувенирен магазин (м)	[suveníren magazín]
foto's maken	снимам	[snímam]
zich laten fotograferen	снимам се	[snímam se]

58. Winkelen

kopen (ww)	купувам	[kupúvam]
aankoop (de)	покупка (ж)	[pokúpka]
winkelen (ww)	пазарувам	[pazarúvam]
winkelen (het)	пазаруване (с)	[pazarúvane]
open zijn (ov. een winkel, enz.)	работя	[rabót'a]
gesloten zijn (ww)	затваря се	[zatvár'a se]
schoeisel (het)	обувки (ж мн)	[obúfki]
kleren (mv.)	облекло (с)	[oblekló]
cosmetica (mv.)	козметика (ж)	[kozmétika]
voedingswaren (mv.)	продукти (м мн)	[prodúkti]
geschenk (het)	подарък (м)	[podárək]
verkoper (de)	продавач (м)	[prodavátʃ]
verkoopster (de)	продавачка (ж)	[prodavátʃka]
kassa (de)	каса (ж)	[kása]
spiegel (de)	огледало (с)	[ogledálo]
toonbank (de)	щанд (м)	[ʃtant]
paskamer (de)	пробна (ж)	[próbna]
aanpassen (ww)	пробвам	[próbvam]
passen (ov. kleren)	подхождам	[podhóʒdam]
bevallen (prettig vinden)	харесвам	[harésvam]
prijs (de)	цена (ж)	[tsená]
prijskaartje (het)	етикет (м)	[etikét]
kosten (ww)	струвам	[strúvam]
Hoeveel?	Колко?	[kólko]
korting (de)	намаление (с)	[namalénie]
niet duur (bn)	нескъп	[neskə́p]
goedkoop (bn)	евтин	[éftin]
duur (bn)	скъп	[skəp]
Dat is duur.	Това е скъпо	[tová e skə́po]
verhuur (de)	под наем (м)	[pot náem]

huren (smoking, enz.)	взимам под наем	[vzímam pot náem]
krediet (het)	кредит (м)	[krédit]
op krediet (bw)	на кредит	[na krédit]

59. Geld

geld (het)	пари (мн)	[parí]
ruil (de)	обмяна (ж)	[obmjána]
koers (de)	курс (м)	[kurs]
geldautomaat (de)	банкомат (м)	[bankomát]
muntstuk (de)	монета (ж)	[monéta]

| dollar (de) | долар (м) | [dólar] |
| euro (de) | евро (с) | [évro] |

lire (de)	лира (ж)	[líra]
Duitse mark (de)	марка (ж)	[márka]
frank (de)	франк (м)	[frank]
pond sterling (het)	британска лира (ж)	[británska líra]
yen (de)	йена (ж)	[jéna]

schuld (geldbedrag)	дълг (м)	[dəlk]
schuldenaar (de)	длъжник (м)	[dləʒník]
uitlenen (ww)	давам на заем	[dávam na záem]
lenen (geld ~)	взема на заем	[vzéma na záem]

bank (de)	банка (ж)	[bánka]
bankrekening (de)	сметка (ж)	[smétka]
storten (ww)	депозирам	[depozíram]
op rekening storten	внеса в сметка	[vnesá v smétka]
opnemen (ww)	тегля от сметката	[téglʲa ot smétkata]

kredietkaart (de)	кредитна карта (ж)	[kréditna kárta]
baar geld (het)	налични пари (мн)	[nalítʃni parí]
cheque (de)	чек (м)	[tʃek]
een cheque uitschrijven	подпиша чек	[potpíʃa tʃek]
chequeboekje (het)	чекова книжка (ж)	[tʃékova kníʃka]

portefeuille (de)	портфейл (м)	[portféjl]
geldbeugel (de)	портмоне (с)	[portmoné]
safe (de)	сейф (м)	[sejf]

erfgenaam (de)	наследник (м)	[naslédnik]
erfenis (de)	наследство (с)	[naslétstvo]
fortuin (het)	състояние (с)	[səstojánie]

huur (de)	наем (м)	[náem]
huurprijs (de)	наем (м)	[náem]
huren (huis, kamer)	наемам	[naémam]

prijs (de)	цена (ж)	[tsená]
kostprijs (de)	стойност (ж)	[stójnost]
som (de)	сума (ж)	[súma]
uitgeven (geld besteden)	харча	[hártʃa]

kosten (mv.)   разходи (м мн)   [ráshodi]
bezuinigen (ww)   пестя   [pestʲá]
zuinig (bn)   пестелив   [pestelíf]

betalen (ww)   плащам   [pláʃtam]
betaling (de)   плащане (с)   [pláʃtane]
wisselgeld (het)   ресто (с)   [résto]

belasting (de)   данък (м)   [dánək]
boete (de)   глоба (ж)   [glóba]
beboeten (bekeuren)   глобявам   [globʲávam]

60. Post. Postkantoor

postkantoor (het)   поща (ж)   [póʃta]
post (de)   поща (ж)   [póʃta]
postbode (de)   пощальон (м)   [poʃtalʲón]
openingsuren (mv.)   работно време (с)   [rabótno vréme]

brief (de)   писмо (с)   [pismó]
aangetekende brief (de)   препоръчано писмо (с)   [preporétʃano pismó]
briefkaart (de)   картичка (ж)   [kártitʃka]
telegram (het)   телеграма (ж)   [telegráma]
postpakket (het)   колет (м)   [kolét]
overschrijving (de)   паричен превод (м)   [parítʃen prévot]

ontvangen (ww)   получа   [polútʃa]
sturen (zenden)   изпратя   [isprátʲa]
verzending (de)   изпращане (с)   [ispráʃtane]

adres (het)   адрес (м)   [adrés]
postcode (de)   пощенски код (м)   [póʃtenski kot]
verzender (de)   подател (м)   [podátel]
ontvanger (de)   получател (м)   [polutʃátel]

naam (de)   име (с)   [íme]
achternaam (de)   фамилия (ж)   [famílija]

tarief (het)   тарифа (ж)   [tarífa]
standaard (bn)   обикновен   [obiknovén]
zuinig (bn)   икономичен   [ikonomítʃen]

gewicht (het)   тегло (с)   [tegló]
afwegen (op de weegschaal)   претеглям   [pretéglʲam]
envelop (de)   плик (м)   [plik]
postzegel (de)   марка (ж)   [márka]

Woning. Huis. Thuis

61. Huis. Elektriciteit

elektriciteit (de)	електричество (с)	[elektrítʃestvo]
lamp (de)	крушка (ж)	[krúʃka]
schakelaar (de)	изключвател (м)	[izklʲutʃvátel]
zekering (de)	бушон (м)	[buʃón]
draad (de)	кабел (м)	[kábel]
bedrading (de)	инсталация (ж)	[instalátsija]
elektriciteitsmeter (de)	електромер (м)	[elektromér]
gegevens (mv.)	показание (с)	[pokazánie]

62. Villa. Herenhuis

landhuisje (het)	извънградска къща (ж)	[izvəngrátska kéʃta]
villa (de)	вила (ж)	[víla]
vleugel (de)	крило (с)	[riló]
tuin (de)	градина (ж)	[gradína]
park (het)	парк (м)	[park]
oranjerie (de)	оранжерия (ж)	[oranʒérija]
onderhouden (tuin, enz.)	грижа се	[gríʒa se]
zwembad (het)	басейн (м)	[baséjn]
gym (het)	спортна зала (ж)	[spórtna zála]
tennisveld (het)	тенис корт (м)	[ténis kort]
bioscoopkamer (de)	кинотеатър (м)	[kinoteátər]
garage (de)	гараж (м)	[garáʒ]
privé-eigendom (het)	частна собственост (ж)	[tʃásna sópstvenost]
eigen terrein (het)	частни владения (с мн)	[tʃásni vladénija]
waarschuwing (de)	предупреждение (с)	[predupreʒdénie]
waarschuwingsbord (het)	предупредителен надпис (м)	[predupredítelen nátpis]
bewaking (de)	охрана (ж)	[ohrána]
bewaker (de)	охранител (м)	[ohranítel]
inbraakalarm (het)	сигнализация (ж)	[signalizátsija]

63. Appartement

appartement (het)	апартамент (м)	[apartamént]
kamer (de)	стая (ж)	[stája]

slaapkamer (de)	спалня (ж)	[spáln̦a]
eetkamer (de)	столова (ж)	[stolová]
salon (de)	гостна (ж)	[góstna]
studeerkamer (de)	кабинет (м)	[kabinét]
gang (de)	антре (с)	[antré]
badkamer (de)	баня (ж)	[bán̦a]
toilet (het)	тоалетна (ж)	[toalétna]
plafond (het)	таван (м)	[taván]
vloer (de)	под (м)	[pot]
hoek (de)	ъгъл (м)	[ə́gəl]

64. Meubels. Interieur

meubels (mv.)	мебели (мн)	[mébeli]
tafel (de)	маса (ж)	[mása]
stoel (de)	стол (м)	[stol]
bed (het)	легло (с)	[legló]
bankstel (het)	диван (м)	[diván]
fauteuil (de)	фотьойл (м)	[foțójl]
boekenkast (de)	книжен шкаф (м)	[kníʒen ʃkaf]
boekenrek (het)	рафт (м)	[raft]
kledingkast (de)	гардероб (м)	[garderóp]
kapstok (de)	закачалка (ж)	[zakatʃálka]
staande kapstok (de)	закачалка (ж)	[zakatʃálka]
commode (de)	скрин (м)	[skrin]
salontafeltje (het)	малка масичка (ж)	[málka másitʃka]
spiegel (de)	огледало (с)	[ogledálo]
tapijt (het)	килим (м)	[kilím]
tapijtje (het)	килимче (с)	[kilímtʃe]
haard (de)	камина (ж)	[kamína]
kaars (de)	свещ (м)	[sveʃt]
kandelaar (de)	свещник (м)	[svéʃtnik]
gordijnen (mv.)	пердета (с мн)	[perdéta]
behang (het)	тапети (м мн)	[tapéti]
jaloezie (de)	щора (ж)	[ʃtóra]
bureaulamp (de)	лампа (ж) за маса	[lámpa za mása]
wandlamp (de)	светилник (м)	[svetílnik]
staande lamp (de)	лампион (м)	[lampión]
luchter (de)	полилей (м)	[poliléj]
poot (ov. een tafel, enz.)	крак (м)	[krak]
armleuning (de)	подлакътник (м)	[podlákətnik]
rugleuning (de)	облегалка (ж)	[oblegálka]
la (de)	чекмедже (с)	[tʃekmedʒé]

65. Beddengoed

beddengoed (het)	спално бельо (с)	[spálno belʲó]
kussen (het)	възглавница (ж)	[vəzglávnitsa]
kussenovertrek (de)	калъфка (ж)	[kaléfka]
deken (de)	одеяло (с)	[odejálo]
laken (het)	чаршаф (м)	[tʃarʃáf]
sprei (de)	завивка (ж)	[zavífka]

66. Keuken

keuken (de)	кухня (ж)	[kúhnʲa]
gas (het)	газ (м)	[gas]
gasfornuis (het)	газова печка (ж)	[gázova pétʃka]
elektrisch fornuis (het)	електрическа печка (ж)	[elektrítʃeska pétʃka]
oven (de)	фурна (ж)	[fúrna]
magnetronoven (de)	микровълнова печка (ж)	[mikrovélnova pétʃka]
koelkast (de)	хладилник (м)	[hladílnik]
diepvriezer (de)	фризер (м)	[frízer]
vaatwasmachine (de)	съдомиялна машина (ж)	[sədomijálna maʃína]
vleesmolen (de)	месомелачка (ж)	[meso·melátʃka]
vruchtenpers (de)	сокоизстисквачка (ж)	[soko·isstiskvátʃka]
toaster (de)	тостер (м)	[tóster]
mixer (de)	миксер (м)	[míkser]
koffiemachine (de)	кафеварка (ж)	[kafevárka]
koffiepot (de)	кафеник (м)	[kafeník]
koffiemolen (de)	кафемелачка (ж)	[kafe·melátʃka]
fluitketel (de)	чайник (м)	[tʃájnik]
theepot (de)	чайник (м)	[tʃájnik]
deksel (de/het)	капачка (ж)	[kapátʃka]
theezeefje (het)	цедка (ж)	[tsétka]
lepel (de)	лъжица (ж)	[ləʒítsa]
theelepeltje (het)	чаена лъжица (ж)	[tʃáena ləʒítsa]
eetlepel (de)	супена лъжица (ж)	[súpena ləʒítsa]
vork (de)	вилица (ж)	[vílitsa]
mes (het)	нож (м)	[noʒ]
vaatwerk (het)	съдове (м мн)	[sédove]
bord (het)	чиния (ж)	[tʃiníja]
schoteltje (het)	малка чинийка (ж)	[málka tʃiníjka]
likeurglas (het)	чашка (ж)	[tʃáʃka]
glas (het)	чаша (ж)	[tʃáʃa]
kopje (het)	чаша (ж)	[tʃáʃa]
suikerpot (de)	захарница (ж)	[zaharnítsa]
zoutvat (het)	солница (ж)	[solnítsa]
pepervat (het)	пиперница (ж)	[pipérnitsa]

boterschaaltje (het)	съд (м) за краве масло	[sət za kráve masló]
pan (de)	тенджера (ж)	[téndʒera]
bakpan (de)	тиган (м)	[tigán]
pollepel (de)	черпак (м)	[tʃerpák]
vergiet (de/het)	гевгир (м)	[gevgír]
dienblad (het)	табла (ж)	[tábla]
fles (de)	бутилка (ж)	[butílka]
glazen pot (de)	буркан (м)	[burkán]
blik (conserven~)	тенекия (ж)	[tenekíja]
flesopener (de)	отварачка (ж)	[otvarátʃka]
blikopener (de)	отварачка (ж)	[otvarátʃka]
kurkentrekker (de)	тирбушон (м)	[tirbuʃón]
filter (de/het)	филтър (м)	[fíltər]
filteren (ww)	филтрирам	[filtríram]
huisvuil (het)	боклук (м)	[boklúk]
vuilnisemmer (de)	кофа (ж) за боклук	[kófa za boklúk]

67. Badkamer

badkamer (de)	баня (ж)	[bánʲa]
water (het)	вода (ж)	[vodá]
kraan (de)	смесител (м)	[smesítel]
warm water (het)	топла вода (ж)	[tópla vodá]
koud water (het)	студена вода (ж)	[studéna vodá]
tandpasta (de)	паста (ж) за зъби	[pásta za zébi]
tanden poetsen (ww)	мия си зъбите	[míja si zébite]
tandenborstel (de)	четка (ж) за зъби	[tʃétka za zébi]
zich scheren (ww)	бръсна се	[brésna se]
scheercrème (de)	пяна (ж) за бръснене	[pʲána za brésnene]
scheermes (het)	бръснач (м)	[brəsnátʃ]
wassen (ww)	мия	[míja]
een bad nemen	мия се	[míja se]
douche (de)	душ (м)	[duʃ]
een douche nemen	вземам душ	[vzémam duʃ]
bad (het)	вана (ж)	[vána]
toiletpot (de)	тоалетна чиния (ж)	[toalétna tʃiníja]
wastafel (de)	мивка (ж)	[mífka]
zeep (de)	сапун (м)	[sapún]
zeepbakje (het)	сапуниерка (ж)	[sapuniérka]
spons (de)	гъба (ж)	[gébа]
shampoo (de)	шампоан (м)	[ʃampoán]
handdoek (de)	кърпа (ж)	[kérpa]
badjas (de)	хавлиен халат (м)	[havlíen halát]
was (bijv. handwas)	пране (с)	[prané]
wasmachine (de)	перална машина (ж)	[perálna maʃína]

de was doen	пера	[perá]
waspoeder (de)	прах (м) за пране	[prah za prané]

68. Huishoudelijke apparaten

televisie (de)	телевизор (м)	[televízor]
cassettespeler (de)	касетофон (м)	[kasetofón]
videorecorder (de)	видео (с)	[vídeo]
radio (de)	радиоприемник (м)	[radio·priémnik]
speler (de)	плейър (м)	[pléǝr]
videoprojector (de)	прожекционен апарат (м)	[proʒektsiónen aparát]
home theater systeem (het)	домашно кино (с)	[domáʃno kíno]
DVD-speler (de)	DVD плейър (м)	[dividí pléǝr]
versterker (de)	усилвател (м)	[usilvátel]
spelconsole (de)	игрова приставка (ж)	[igrová pristáfka]
videocamera (de)	видеокамера (ж)	[video·kámera]
fotocamera (de)	фотоапарат (м)	[fotoaparát]
digitale camera (de)	цифров фотоапарат (м)	[tsífrov fotoaparát]
stofzuiger (de)	прахосмукачка (ж)	[praho·smukátʃka]
strijkijzer (het)	ютия (ж)	[jutíja]
strijkplank (de)	дъска (ж) за гладене	[dǝská za gládene]
telefoon (de)	телефон (м)	[telefón]
mobieltje (het)	мобилен телефон (м)	[mobílen telefón]
schrijfmachine (de)	пишеща машинка (ж)	[píʃeʃta maʃínka]
naaimachine (de)	шевна машина (ж)	[ʃévna maʃína]
microfoon (de)	микрофон (м)	[mikrofón]
koptelefoon (de)	слушалки (ж мн)	[sluʃálki]
afstandsbediening (de)	пулт (м)	[pult]
CD (de)	CD диск (м)	[sidí disk]
cassette (de)	касета (ж)	[kaséta]
vinylplaat (de)	плоча (ж)	[plótʃa]

MENSELIJKE ACTIVITEITEN

Baan. Business. Deel 1

69. Kantoor. Op kantoor werken

kantoor (het)	офис (м)	[ófis]
kamer (de)	кабинет (м)	[kabinét]
receptie (de)	рецепция (ж)	[retséptsija]
secretaris (de)	секретар (м)	[sekretár]
directeur (de)	директор (м)	[diréktor]
manager (de)	мениджър (м)	[ménidʒər]
boekhouder (de)	счетоводител (м)	[stʃetovodítel]
werknemer (de)	сътрудник (м)	[sətrúdnik]
meubilair (het)	мебели (мн)	[mébeli]
tafel (de)	маса (ж)	[mása]
bureaustoel (de)	фотьойл (м)	[fotʲójl]
ladeblok (het)	шкафче (с)	[ʃkáftʃe]
kapstok (de)	закачалка (ж)	[zakatʃálka]
computer (de)	компютър (м)	[kompʲútər]
printer (de)	принтер (м)	[prínter]
fax (de)	факс (м)	[faks]
kopieerapparaat (het)	ксерокс (м)	[kséroks]
papier (het)	хартия (ж)	[hartíja]
kantoorartikelen (mv.)	канцеларски материали (ж мн)	[kantselárski materiáli]
muismat (de)	подложка (ж) за мишка	[podlóʃka za míʃka]
blad (het)	лист (м)	[list]
catalogus (de)	каталог (м)	[katalók]
telefoongids (de)	справочник (м)	[spravótʃnik]
documentatie (de)	документация (ж)	[dokumentátsija]
brochure (de)	брошура (ж)	[broʃúra]
flyer (de)	листовка (ж)	[listófka]
monster (het), staal (de)	образец (м)	[obrazéts]
training (de)	тренинг (м)	[tréning]
vergadering (de)	съвещание (с)	[səveʃtánie]
lunchpauze (de)	обедна почивка (ж)	[óbedna potʃífka]
een kopie maken	ксерокопирам	[kserokopíram]
de kopieën maken	размножа	[razmnoʒá]
een fax ontvangen	получавам факс	[polutʃávam faks]
een fax versturen	изпращам факс	[ispráʃtam faks]
opbellen (ww)	обаждам се	[obáʒdam se]

| antwoorden (ww) | отговоря | [otgovór¦a] |
| doorverbinden (ww) | свържа | [svérʒa] |

afspreken (ww)	назначавам	[naznatʃávam]
demonstreren (ww)	демонстрирам	[demonstríram]
absent zijn (ww)	отсъствам	[otséstvam]
afwezigheid (de)	отсъствие (с)	[otséstvie]

70. Bedrijfsprocessen. Deel 1

bedrijf (business)	дело (с), бизнес (м)	[délo], [bíznes]
firma (de)	фирма (ж)	[fírma]
bedrijf (maatschap)	компания (ж)	[kompánija]
corporatie (de)	корпорация (ж)	[korporátsija]
onderneming (de)	предприятие (с)	[predprijátie]
agentschap (het)	агенция (ж)	[agéntsija]

overeenkomst (de)	договор (м)	[dógovor]
contract (het)	контракт (м)	[kontrákt]
transactie (de)	сделка (ж)	[sdélka]
bestelling (de)	поръчка (ж)	[porétʃka]
voorwaarde (de)	условие (с)	[uslóvie]

in het groot (bw)	на едро	[na édro]
groothandels- (abn)	на едро	[na édro]
groothandel (de)	продажба (ж) на едро	[prodáʒba na édro]
kleinhandels- (abn)	на дребно	[na drébno]
kleinhandel (de)	продажба (ж) на дребно	[prodáʒba na drébno]

concurrent (de)	конкурент (м)	[konkurént]
concurrentie (de)	конкуренция (ж)	[konkuréntsija]
concurreren (ww)	конкурирам	[konkuríram]

| partner (de) | партньор (м) | [partn¦ór] |
| partnerschap (het) | партньорство (с) | [partn¦órstvo] |

crisis (de)	криза (ж)	[kríza]
bankroet (het)	фалит (м)	[falít]
bankroet gaan (ww)	фалирам	[falíram]
moeilijkheid (de)	трудност (ж)	[trúdnost]
probleem (het)	проблем (м)	[problém]
catastrofe (de)	катастрофа (ж)	[katastrófa]

economie (de)	икономика (ж)	[ikonómika]
economisch (bn)	икономически	[ikonomítʃeski]
economische recessie (de)	икономически спад (м)	[ikonomítʃeski spat]

| doel (het) | цел (ж) | [tsel] |
| taak (de) | задача (ж) | [zadátʃa] |

handelen (handel drijven)	търгувам	[tərgúvam]
netwerk (het)	мрежа (ж)	[mréʒa]
voorraad (de)	склад (м)	[sklat]
assortiment (het)	асортимент (м)	[asortimént]

leider (de)   лидер (м)   [líder]
groot (bn)   голям   [goljám]
monopolie (het)   монопол (м)   [monopól]

theorie (de)   теория (ж)   [teórija]
praktijk (de)   практика (ж)   [práktika]
ervaring (de)   опит (м)   [ópit]
tendentie (de)   тенденция (ж)   [tendéntsija]
ontwikkeling (de)   развитие (с)   [razvítie]

71. Bedrijfsprocessen. Deel 2

voordeel (het)   изгода (ж)   [izgóda]
voordelig (bn)   изгоден   [izgóden]

delegatie (de)   делегация (ж)   [delegátsija]
salaris (het)   работна заплата (ж)   [rabótna zapláta]
corrigeren (fouten ~)   поправям   [poprávjam]
zakenreis (de)   командировка (ж)   [komandirófka]
commissie (de)   комисия (ж)   [komísija]

controleren (ww)   контролирам   [kontrolíram]
conferentie (de)   конференция (ж)   [konferéntsija]
licentie (de)   лиценз (м)   [litsénz]
betrouwbaar (partner, enz.)   надежден   [nadéʒden]

aanzet (de)   начинание (с)   [natʃinánie]
norm (bijv. ~ stellen)   норма (ж)   [nórma]
omstandigheid (de)   обстоятелство (с)   [obstojátelstvo]
taak, plicht (de)   задължение (с)   [zadəlʒénie]

organisatie (bedrijf, zaak)   организация (ж)   [organizátsija]
organisatie (proces)   организиране (с)   [organizíranz]
georganiseerd (bn)   организиран   [organizíran]
afzegging (de)   отмяна (ж)   [otmjána]
afzeggen (ww)   отменя   [otmenjá]
verslag (het)   отчет (м)   [ottʃét]

patent (het)   патент (м)   [patént]
patenteren (ww)   патентовам   [patentóvam]
plannen (ww)   планирам   [planíram]

premie (de)   премия (ж)   [prémija]
professioneel (bn)   професионален   [profesionálen]
procedure (de)   процедура (ж)   [protsedúra]

onderzoeken (contract, enz.)   разглеждам   [razglédam]
berekening (de)   изчисляване (с)   [istʃislʲávane]
reputatie (de)   репутация (ж)   [reputátsija]
risico (het)   риск (м)   [risk]

beheren (managen)   ръководя   [rəkovódʲa]
informatie (de)   сведения (с мн)   [svédenija]
eigendom (bezit)   собственост (ж)   [sóbstvenost]

unie (de)	съюз (м)	[səjúz]
levensverzekering (de)	застраховка (ж) живот	[zastrahófka ʒivót]
verzekeren (ww)	застраховам	[zastrahóvam]
verzekering (de)	застраховка (ж)	[zastrahófka]
veiling (de)	търгове (с)	[tə́rgove]
verwittigen (ww)	уведомявам	[uvedomʲávam]
beheer (het)	управление (с)	[upravlénie]
dienst (de)	услуга (ж)	[uslúga]
forum (het)	форум (м)	[fórum]
functioneren (ww)	функционирам	[funktsioníram]
stap, etappe (de)	етап (м)	[etáp]
juridisch (bn)	юридически	[juridítʃeski]
jurist (de)	юрист (м)	[juríst]

72. Productie. Werken

industriële installatie (fabriek)	завод (м)	[zavót]
fabriek (de)	фабрика (ж)	[fábrika]
werkplaatsruimte (de)	цех (м)	[tseh]
productielocatie (de)	производство (с)	[proizvótstvo]
industrie (de)	промишленост (ж)	[promíʃlenost]
industrieel (bn)	промишлен	[promíʃlen]
zware industrie (de)	тежка промишленост (ж)	[téʃka promíʃlenost]
lichte industrie (de)	лека промишленост (ж)	[léka promíʃlenost]
productie (de)	продукция (ж)	[prodúktsija]
produceren (ww)	произвеждам	[proizvéʒdam]
grondstof (de)	суровини (ж мн)	[surovíni]
voorman, ploegbaas (de)	бригадир (м)	[brigadír]
ploeg (de)	бригада (ж)	[brigáda]
arbeider (de)	работник (м)	[rabótnik]
werkdag (de)	работен ден (м)	[rabóten den]
pauze (de)	почивка (ж)	[potʃífka]
samenkomst (de)	събрание (с)	[səbránie]
bespreken (spreken over)	обсъждам	[obséʒdam]
plan (het)	план (м)	[plan]
het plan uitvoeren	изпълнявам план	[ispəlnʲávam plan]
productienorm (de)	норма (ж)	[nórma]
kwaliteit (de)	качество (с)	[kátʃestvo]
controle (de)	контрола (ж)	[kontróla]
kwaliteitscontrole (de)	контрол (м) за качество	[kontról za kátʃestvo]
arbeidsveiligheid (de)	безопасност (ж) на труда	[bezopásnost na trudá]
discipline (de)	дисциплина (ж)	[distsiplína]
overtreding (de)	нарушение (с)	[naruʃénie]
overtreden (ww)	нарушавам	[naruʃávam]
staking (de)	стачка (ж)	[státʃka]
staker (de)	стачник (м)	[státʃnik]

staken (ww)	стачкувам	[statʃkúvam]
vakbond (de)	профсъюз (м)	[profsəjúz]

uitvinden (machine, enz.)	изобретявам	[izobretʲávam]
uitvinding (de)	изобретение (с)	[izobreténie]
onderzoek (het)	изследване (с)	[isslédvane]
verbeteren (beter maken)	подобрявам	[podobrʲávam]
technologie (de)	технология (ж)	[tehnológija]
technische tekening (de)	чертеж (м)	[tʃertéʒ]

vracht (de)	товар (м)	[továr]
lader (de)	хамалин (м)	[hamálin]
laden (vrachtwagen)	натоварвам	[natovárvam]
laden (het)	товарене (с)	[továrene]
lossen (ww)	разтоварвам	[raztovárvam]
lossen (het)	разтоварване (с)	[raztovárvane]

transport (het)	транспорт (м)	[transpórt]
transportbedrijf (de)	транспортна компания (ж)	[transpórtna kompánija]
transporteren (ww)	транспортирам	[transportíram]

goederenwagon (de)	вагон (м)	[vagón]
tank (bijv. ketelwagen)	цистерна (ж)	[tsistérna]
vrachtwagen (de)	камион (м)	[kamión]

machine (de)	машина (ж)	[maʃína]
mechanisme (het)	механизъм (м)	[mehanízəm]

industrieel afval (het)	отпадъци (мн)	[otpádətsi]
verpakking (de)	опаковане (ж)	[opakóvane]
verpakken (ww)	опаковам	[opakóvam]

73. Contract. Overeenstemming

contract (het)	контракт (м)	[kontrákt]
overeenkomst (de)	съглашение (с)	[səglaʃénie]
bijlage (de)	приложение (с)	[priloʒénie]

een contract sluiten	сключа договор	[sklʲútʃa dógovor]
handtekening (de)	подпис (м)	[pótpis]
ondertekenen (ww)	подпиша	[potpíʃa]
stempel (de)	печат (м)	[petʃát]

voorwerp (het) van de overeenkomst	предмет (м) на договор	[predmét na dógovor]
clausule (de)	точка (ж)	[tótʃka]
partijen (mv.)	страни (ж мн)	[straní]
vestigingsadres (het)	юридически адрес (м)	[juridítʃeski adrés]

het contract verbreken (overtreden)	наруша договор	[naruʃá dógovor]
verplichting (de)	задължение (с)	[zadəlʒénie]
verantwoordelijkheid (de)	отговорност (с)	[otgovórnost]
overmacht (de)	форсмажор (м)	[fors·maʒór]

geschil (het)	спор (м)	[spor]
sancties (mv.)	глоба (ж)	[glóba]

74. Import & Export

import (de)	внос (м)	[vnos]
importeur (de)	вносител (м)	[vnosítel]
importeren (ww)	внасям	[vnásʲam]
import- (abn)	вносен	[vnósen]
uitvoer (export)	експорт (м)	[ekspórt]
exporteur (de)	износител (м)	[iznosítel]
exporteren (ww)	изнасям	[iznásʲam]
uitvoer- (bijv., ~goederen)	експортен	[ekspórten]
goederen (mv.)	стока (ж)	[stóka]
partij (de)	партида (ж)	[partída]
gewicht (het)	тегло (с)	[tegló]
volume (het)	обем (м)	[obém]
kubieke meter (de)	кубически метър (м)	[kubítʃeski métər]
producent (de)	производител (м)	[proizvodítel]
transportbedrijf (de)	транспортна компания (ж)	[transpórtna kompánija]
container (de)	контейнер (м)	[kontéjner]
grens (de)	граница (ж)	[gránitsa]
douane (de)	митница (ж)	[mítnitsa]
douanerecht (het)	мито (с)	[mitó]
douanier (de)	митничар (м)	[mitnitʃár]
smokkelen (het)	контрабанда (ж)	[kontrabánda]
smokkelwaar (de)	контрабанда (ж)	[kontrabánda]

75. Financiën

aandeel (het)	акция (ж)	[áktsija]
obligatie (de)	облигация (ж)	[obligátsija]
wissel (de)	полица (ж)	[pólitsa]
beurs (de)	борса (ж)	[bórsa]
aandelenkoers (de)	курс (м) на акции	[kurs na áktsii]
dalen (ww)	поевтинея	[poeftinéja]
stijgen (ww)	поскъпнея	[poskəpnéja]
deel (het)	дял (м)	[dʲal]
meerderheidsbelang (het)	контролен пакет (м)	[kontrólen pakét]
investeringen (mv.)	инвестиции (ж мн)	[investítsii]
investeren (ww)	инвестирам	[investíram]
procent (het)	лихвен процент (м)	[líhven protsént]
rente (de)	проценти (м мн)	[protsénti]

winst (de)	печалба (ж)	[petʃálba]
winstgevend (bn)	печеливш	[petʃelívʃ]
belasting (de)	данък (м)	[dánək]

valuta (vreemde ~)	валута (ж)	[valúta]
nationaal (bn)	национален	[natsionálen]
ruil (de)	обмяна (ж)	[obmʲána]

boekhouder (de)	счетоводител (м)	[stʃetovodítel]
boekhouding (de)	счетоводство (с)	[stʃetovótstvo]

bankroet (het)	фалит (м)	[falít]
ondergang (de)	фалит (м)	[falít]
faillissement (het)	фалиране (с)	[falírane]
geruïneerd zijn (ww)	фалирам	[falíram]
inflatie (de)	инфлация (ж)	[inflátsija]
devaluatie (de)	девалвация (ж)	[devalvátsija]

kapitaal (het)	капитал (м)	[kapitál]
inkomen (het)	доход (м)	[dóhot]
omzet (de)	оборот (м)	[oborót]
middelen (mv.)	ресурси (мн)	[resúrsi]
financiële middelen (mv.)	парични средства (с мн)	[parítʃni srétstva]

76. Marketing

marketing (de)	маркетинг (м)	[markéting]
markt (de)	пазар (м)	[pazár]
marktsegment (het)	пазарен сегмент (м)	[pazáren segmént]
product (het)	продукт (м)	[prodúkt]
goederen (mv.)	стока (ж)	[stóka]

handelsmerk (het)	търговска марка (ж)	[tərgófska márka]
beeldmerk (het)	фирмена марка (ж)	[fírmena márka]
logo (het)	лого (с)	[lógo]
vraag (de)	търсене (с)	[térsene]
aanbod (het)	предложение (с)	[predloʒénie]
behoefte (de)	нужда (ж)	[núʒda]
consument (de)	потребител (м)	[potrebítel]

analyse (de)	анализ (м)	[análiz]
analyseren (ww)	анализирам	[analizíram]
positionering (de)	позициониране (с)	[pozitsionírane]
positioneren (ww)	позиционирам	[pozitsioníram]
prijs (de)	цена (ж)	[tsená]
prijspolitiek (de)	ценова политика (ж)	[tsenová polítika]
prijsvorming (de)	ценообразуване (с)	[tseno·obrazúvane]

77. Reclame

reclame (de)	реклама (ж)	[rekláma]
adverteren (ww)	рекламирам	[reklamíram]

budget (het)	бюджет (м)	[bʲudʒét]
advertentie, reclame (de)	реклама (ж)	[reklámа]
TV-reclame (de)	телевизионна реклама (ж)	[televizіónna reklámа]
radioreclame (de)	радио реклама (ж)	[rádio reklámа]
buitenreclame (de)	външна реклама (ж)	[vénʃna reklámа]
massamedia (de)	масмедия (ж)	[masmédija]
periodiek (de)	периодично издание (с)	[periodítʃno izdánie]
imago (het)	имидж (м)	[ímidʒ]
slagzin (de)	лозунг (м)	[lózung]
motto (het)	девиз (м)	[devíz]
campagne (de)	кампания (ж)	[kampánija]
reclamecampagne (de)	рекламна кампания (ж)	[reklámna kampánija]
doelpubliek (het)	целева аудитория (ж)	[tselevá auditórija]
visitekaartje (het)	визитка (ж)	[vizítka]
flyer (de)	листовка (ж)	[listófka]
brochure (de)	брошура (ж)	[broʃúra]
folder (de)	диплянка (ж)	[diplʲánka]
nieuwsbrief (de)	бюлетин (с)	[bʲuletín]
gevelreclame (de)	табела (ж)	[tabéla]
poster (de)	постер (м)	[póster]
aanplakbord (het)	билборд (м)	[bilbórt]

78. Bankieren

bank (de)	банка (ж)	[bánka]
bankfiliaal (het)	клон (м)	[klon]
bankbediende (de)	консултант (м)	[konsultánt]
manager (de)	управител (м)	[uprávitel]
bankrekening (de)	сметка (ж)	[smétka]
rekeningnummer (het)	номер (м) на сметка	[nómer na smétka]
lopende rekening (de)	текуща сметка (ж)	[tekúʃta smétka]
spaarrekening (de)	спестовна сметка (ж)	[spestóvna smétka]
een rekening openen	откривам сметка	[otkrívam smétka]
de rekening sluiten	закривам сметка	[zakrívam smétka]
op rekening storten	депозирам в сметка	[depozíram f smétka]
opnemen (ww)	тегля от сметката	[téglʲa ot smétkata]
storting (de)	влог (м)	[vlok]
een storting maken	направя влог	[naprávʲa vlok]
overschrijving (de)	превод (м)	[prévot]
een overschrijving maken	направя превод	[naprávʲa prévot]
som (de)	сума (ж)	[súma]
Hoeveel?	Колко?	[kólko]
handtekening (de)	подпис (м)	[pótpis]
ondertekenen (ww)	подпиша	[potpíʃa]

kredietkaart (de)	кредитна карта (ж)	[kréditna kárta]
code (de)	код (м)	[kot]
kredietkaartnummer (het)	номер (м) на кредитна карта	[nómer na kréditna kárta]
geldautomaat (de)	банкомат (м)	[bankomát]
cheque (de)	чек (м)	[ʧek]
een cheque uitschrijven	подпиша чек	[potpíʃa ʧek]
chequeboekje (het)	чекова книжка (ж)	[ʧékova kníʃka]
lening, krediet (de)	кредит (м)	[krédit]
een lening aanvragen	кандидатствам за кредит	[kandidátstvam za krédit]
een lening nemen	взимам кредит	[vzímam krédit]
een lening verlenen	предоставям кредит	[predostávʲam krédit]
garantie (de)	гаранция (ж)	[garántsija]

79. Telefoon. Telefoongesprek

telefoon (de)	телефон (м)	[telefón]
mobieltje (het)	мобилен телефон (м)	[mobílen telefón]
antwoordapparaat (het)	телефонен секретар (м)	[telefónen sekretár]
bellen (ww)	обаждам се	[obáʒdam se]
belletje (telefoontje)	обаждане (с)	[obáʒdane]
een nummer draaien	набирам номер	[nabíram nómer]
Hallo!	Ало!	[álo]
vragen (ww)	питам	[pítam]
antwoorden (ww)	отговарям	[otgovárʲam]
horen (ww)	чувам	[ʧúvam]
goed (bw)	добре	[dobré]
slecht (bw)	лошо	[lóʃo]
storingen (mv.)	шумове (м мн)	[ʃúmove]
hoorn (de)	слушалка (ж)	[sluʃálka]
opnemen (ww)	вдигам слушалката	[vdígam sluʃálkata]
ophangen (ww)	затварям телефона	[zatvárʲam telefóna]
bezet (bn)	заета	[zaéta]
overgaan (ww)	звъня	[zvənʲá]
telefoonboek (het)	телефонен справочник (м)	[telefónen spravóʧnik]
lokaal (bn)	селищен	[séliʃten]
lokaal gesprek (het)	селищен разговор (м)	[séliʃten rázgovor]
interlokaal (bn)	междуградски	[meʒdugrátski]
interlokaal gesprek (het)	междуградски разговор (м)	[meʒdugrátski rázgovor]
buitenlands (bn)	международен	[meʒdunaróden]
buitenlands gesprek (het)	международен разговор (м)	[meʒdunaróden rázgovor]

80. Mobiele telefoon

mobieltje (het)	мобилен телефон (м)	[mobílen telefón]
scherm (het)	дисплей (м)	[displéj]
toets, knop (de)	бутон (м)	[butón]
simkaart (de)	SIM-карта (ж)	[sim-kárta]
batterij (de)	батерия (ж)	[batérija]
leeg zijn (ww)	изтощавам	[iztoʃtávam]
acculader (de)	зареждащо устройство (с)	[zaréʒdaʃto ustrójstvo]
menu (het)	меню (с)	[menʲú]
instellingen (mv.)	настройки (ж мн)	[nastrójki]
melodie (beltoon)	мелодия (ж)	[melódija]
selecteren (ww)	избера	[izberá]
rekenmachine (de)	калкулатор (м)	[kalkulátor]
voicemail (de)	телефонен секретар (м)	[telefónen sekretár]
wekker (de)	будилник (м)	[budílnik]
contacten (mv.)	телефонен справочник (м)	[telefónen spravótʃnik]
SMS-bericht (het)	SMS съобщение (с)	[esemés səobʃténie]
abonnee (de)	абонат (м)	[abonát]

81. Schrijfbehoeften

balpen (de)	химикалка (ж)	[himikálka]
vulpen (de)	перодръжка (ж)	[perodréʒka]
potlood (het)	молив (м)	[móliv]
marker (de)	маркер (м)	[márker]
viltstift (de)	флумастер (м)	[flumáster]
notitieboekje (het)	тефтер (м)	[teftér]
agenda (boekje)	ежедневник (м)	[eʒednévnik]
liniaal (de/het)	линийка (ж)	[línijka]
rekenmachine (de)	калкулатор (м)	[kalkulátor]
gom (de)	гума (ж)	[gúma]
punaise (de)	кабърче (с)	[kábərtʃe]
paperclip (de)	кламер (м)	[klámer]
lijm (de)	лепило (с)	[lepílo]
nietmachine (de)	телбод (м)	[telbót]
perforator (de)	перфоратор (м)	[perforátor]
potloodslijper (de)	острилка (ж)	[ostrílka]

82. Soorten bedrijven

boekhouddiensten (mv.)	счетоводни услуги (ж мн)	[stʃetovódni uslúgi]
reclame (de)	реклама (ж)	[rekláma]

reclamebureau (het)	рекламна агенция (ж)	[reklámna agéntsija]
airconditioning (de)	климатици (м мн)	[klimatítsi]
luchtvaartmaatschappij (de)	авиокомпания (ж)	[aviokompánija]
alcoholische dranken (mv.)	алкохолни напитки (ж мн)	[alkohólni napítki]
antiek (het)	антиквариат (м)	[antikvariát]
kunstgalerie (de)	галерия (ж)	[galérija]
audit diensten (mv.)	одиторски услуги (ж мн)	[odítorski uslúgi]
banken (mv.)	банков бизнес (м)	[bánkov bíznes]
bar (de)	бар (м)	[bar]
schoonheidssalon (de/het)	козметичен салон (м)	[kozmetítʃen salón]
boekhandel (de)	книжарница (ж)	[kniʒárnitsa]
bierbrouwerij (de)	пивоварна (ж)	[pivovárna]
zakencentrum (het)	бизнес-център (м)	[bíznes-tséntər]
business school (de)	бизнес-училище (с)	[bíznes-utʃíliʃte]
casino (het)	казино (с)	[kazíno]
bouwbedrijven (mv.)	строителство (с)	[stroítelstvo]
adviesbureau (het)	консултиране (с)	[konsultírane]
tandheelkunde (de)	стоматология (ж)	[stomatológija]
design (het)	дизайн (м)	[dizájn]
apotheek (de)	аптека (ж)	[aptéka]
stomerij (de)	химическо чистене (с)	[himítʃesko tʃístene]
uitzendbureau (het)	агенция (ж) за подбор на персонал	[agéntsija za podbór na personál]
financiële diensten (mv.)	финансови услуги (ж мн)	[finánsovi uslúgi]
voedingswaren (mv.)	хранителни стоки (ж мн)	[hranítelni stóki]
uitvaartcentrum (het)	погребални услуги (мн)	[pogrebálni uslúgi]
meubilair (het)	мебели (мн)	[mébeli]
kleding (de)	облекло (с)	[oblekló]
hotel (het)	хотел (м)	[hotél]
ijsje (het)	сладолед (м)	[sladolét]
industrie (de)	промишленост (ж)	[promíʃlenost]
verzekering (de)	застраховане (с)	[zastrahóvane]
Internet (het)	интернет (м)	[internét]
investeringen (mv.)	инвестиции (ж мн)	[investítsii]
juwelier (de)	златар (м)	[zlatár]
juwelen (mv.)	златарски изделия (с мн)	[zlatárski izdélija]
wasserette (de)	пералня (ж)	[peráln'a]
juridische diensten (mv.)	юридически услуги (ж мн)	[juridítʃeski uslúgi]
lichte industrie (de)	лека промишленост (ж)	[léka promíʃlenost]
tijdschrift (het)	списание (с)	[spisánie]
postorderbedrijven (mv.)	каталожна търговия (ж)	[katalóʒna tərgovíja]
medicijnen (mv.)	медицина (ж)	[meditsína]
bioscoop (de)	кинотеатър (м)	[kinoteátər]
museum (het)	музей (м)	[muzéj]
persbureau (het)	информационна агенция (ж)	[informatsiónna agéntsija]
krant (de)	вестник (м)	[vésnik]

nachtclub (de)	нощен клуб (м)	[nóʃten klup]
olie (aardolie)	нефт (м)	[neft]
koerierdienst (de)	куриерска служба (ж)	[kuriérska slúʒba]
farmacie (de)	фармацевтика (ж)	[farmatséftika]
drukkerij (de)	полиграфия (ж)	[poligrafíja]
uitgeverij (de)	издателство (с)	[izdátelstvo]
radio (de)	радио (с)	[rádio]
vastgoed (het)	недвижими имоти (мн)	[nedvíʒimi imóti]
restaurant (het)	ресторант (м)	[restoránt]
bewakingsfirma (de)	охранителна агенция (ж)	[ohranítelna agéntsija]
sport (de)	спорт (м)	[sport]
handelsbeurs (de)	борса (ж)	[bórsa]
winkel (de)	магазин (м)	[magazín]
supermarkt (de)	супермаркет (м)	[supermárket]
zwembad (het)	басейн (м)	[baséjn]
naaiatelier (het)	ателие (с)	[atelié]
televisie (de)	телевизия (ж)	[televízija]
theater (het)	театър (м)	[teátər]
handel (de)	търговия (ж)	[tərgovíja]
transport (het)	превоз (м)	[prévos]
toerisme (het)	туризъм (м)	[turízəm]
dierenarts (de)	ветеринар (м)	[veterinár]
magazijn (het)	склад (м)	[sklat]
afvalinzameling (de)	извозване (с) на боклук	[izvózvane na boklúk]

Baan. Business. Deel 2

83. Show. Tentoonstelling

beurs (de)	изложба (ж)	[izlóʒba]
vakbeurs, handelsbeurs (de)	търговска изложба (ж)	[tərgófska izlóʒba]

deelneming (de)	участие (с)	[utʃástie]
deelnemen (ww)	участвам	[utʃástvam]
deelnemer (de)	участник (м)	[utʃásnik]

directeur (de)	директор (м)	[diréktor]
organisatiecomité (het)	дирекция (ж)	[diréktsija]
organisator (de)	организатор (м)	[organizátor]
organiseren (ww)	организирам	[organizíram]

deelnemingsaanvraag (de)	заявка (ж) за участие	[zajáfka za utʃástie]
invullen (een formulier ~)	попълня	[popélnʲa]
details (mv.)	детайли (м мн)	[detájli]
informatie (de)	информация (ж)	[informátsija]

prijs (de)	цена (ж)	[tsená]
inclusief (bijv. ~ BTW)	включително	[fklʲutʃítelno]
inbegrepen (alles ~)	включвам	[fklʲútʃvam]
betalen (ww)	плащам	[pláʃtam]
registratietarief (het)	регистрационна такса (ж)	[registratsiónna táksa]

ingang (de)	вход (м)	[vhot]
paviljoen (het), hal (de)	павилион (м)	[pavilión]
registreren (ww)	регистрирам	[registríram]
badge, kaart (de)	бадж (м)	[badʒ]

beursstand (de)	щанд (м)	[ʃtant]
reserveren (een stand ~)	резервирам	[rezervíram]

vitrine (de)	витрина (ж)	[vitrína]
licht (het)	светилник (м)	[svetílnik]
design (het)	дизайн (м)	[dizájn]
plaatsen (ww)	нареждам	[naréʒdam]

distributeur (de)	дистрибутор (м)	[distribútor]
leverancier (de)	доставчик (м)	[dostávtʃik]

land (het)	страна (ж)	[straná]
buitenlands (bn)	чуждестранен	[tʃuʒdestránen]
product (het)	продукт (м)	[prodúkt]

associatie (de)	асоциация (ж)	[asotsiátsija]
conferentiezaal (de)	конферентна зала (ж)	[konferéntna zála]
congres (het)	конгрес (м)	[kongrés]

wedstrijd (de)	конкурс (м)	[konkúrs]
bezoeker (de)	посетител (м)	[posetítel]
bezoeken (ww)	посещавам	[poseʃtávam]
afnemer (de)	клиент (м)	[kliént]

84. Wetenschap. Onderzoek. Wetenschappers

wetenschap (de)	наука (ж)	[naúka]
wetenschappelijk (bn)	научен	[naútʃen]
wetenschapper (de)	учен (м)	[útʃen]
theorie (de)	теория (ж)	[teórija]
axioma (het)	аксиома (ж)	[aksióma]
analyse (de)	анализ (м)	[análiz]
analyseren (ww)	анализирам	[analizíram]
argument (het)	аргумент (м)	[arguménin]
substantie (de)	вещество (с)	[veʃtestvó]
hypothese (de)	хипотеза (ж)	[hipotéza]
dilemma (het)	дилема (ж)	[diléma]
dissertatie (de)	дисертация (ж)	[disertátsija]
dogma (het)	догма (ж)	[dógma]
doctrine (de)	доктрина (ж)	[doktrína]
onderzoek (het)	изследване (с)	[isslédvane]
onderzoeken (ww)	изследвам	[isslédvam]
toetsing (de)	контрола (ж)	[kontróla]
laboratorium (het)	лаборатория (ж)	[laboratórija]
methode (de)	метод (м)	[métot]
molecule (de/het)	молекула (ж)	[molekúla]
monitoring (de)	мониторинг (м)	[monitóring]
ontdekking (de)	откритие (с)	[otkrítie]
postulaat (het)	постулат (м)	[postulát]
principe (het)	принцип (м)	[príntsip]
voorspelling (de)	прогноза (ж)	[prognóza]
een prognose maken	прогнозирам	[prognozíram]
synthese (de)	синтеза (ж)	[sintéza]
tendentie (de)	тенденция (ж)	[tendéntsija]
theorema (het)	теорема (ж)	[teoréma]
leerstellingen (mv.)	учение (с)	[utʃénie]
feit (het)	факт (м)	[fakt]
expeditie (de)	експедиция (ж)	[ekspedítsija]
experiment (het)	експеримент (м)	[eksperimént]
academicus (de)	академик (м)	[akademík]
bachelor (bijv. BA, LLB)	бакалавър (м)	[bakalávər]
doctor (de)	доктор (м)	[dóktor]
universitair docent (de)	доцент (м)	[dotsént]
master, magister (de)	магистър (м)	[magístər]
professor (de)	професор (м)	[profésor]

Beroepen en ambachten

85. Zoeken naar werk. Ontslag

baan (de)	работа (ж)	[rábota]
personeel (het)	щат (м)	[ʃtat]
carrière (de)	кариера (ж)	[kariéra]
vooruitzichten (mv.)	перспектива (ж)	[perspektíva]
meesterschap (het)	майсторство (с)	[májstorstvo]
keuze (de)	подбиране (с)	[podbírane]
uitzendbureau (het)	агенция (ж) за подбор на персонал	[agéntsija za podbór na personál]
CV, curriculum vitae (het)	резюме (с)	[rezʲumé]
sollicitatiegesprek (het)	интервю (с)	[intervʲú]
vacature (de)	вакантно място (с)	[vakántno mʲásto]
salaris (het)	работна заплата (ж)	[rabótna zapláta]
loon (het)	плащане (с)	[pláʃtane]
betrekking (de)	длъжност (ж)	[dléʒnost]
taak, plicht (de)	задължение (с)	[zadəʒénie]
takenpakket (het)	кръг (м)	[krək]
bezig (~ zijn)	зает	[zaét]
ontslagen (ww)	уволня	[uvolnʲá]
ontslag (het)	уволнение (с)	[uvolnénie]
werkloosheid (de)	безработица (ж)	[bezrabótitsa]
werkloze (de)	безработен човек (м)	[bezrabóten tʃovék]
pensioen (het)	пенсия (ж)	[pénsija]
met pensioen gaan	пенсионирам се	[pensioníram se]

86. Zakenmensen

directeur (de)	директор (м)	[diréktor]
beheerder (de)	управител (м)	[uprávitel]
hoofd (het)	ръководител (м)	[rəkovodítel]
baas (de)	началник (м)	[natʃálnik]
superieuren (mv.)	началство (с)	[natʃálstvo]
president (de)	президент (м)	[prezidént]
voorzitter (de)	председател (м)	[pretsedátel]
adjunct (de)	заместник (м)	[zamésnik]
assistent (de)	помощник (м)	[pomóʃtnik]
secretaris (de)	секретар (м)	[sekretár]

persoonlijke assistent (de)	личен секретар (м)	[lítʃen sekretár]
zakenman (de)	бизнесмен (м)	[biznesmén]
ondernemer (de)	предприемач (м)	[predpriemátʃ]
oprichter (de)	основател (м)	[osnovátel]
oprichten (een nieuw bedrijf ~)	основа	[osnová]

stichter (de)	учредител (м)	[utʃredítel]
partner (de)	партньор (м)	[partnʲór]
aandeelhouder (de)	акционер (м)	[aktsionér]

miljonair (de)	милионер (м)	[milionér]
miljardair (de)	милиардер (м)	[miliardér]
eigenaar (de)	собственик (м)	[sóbstvenik]
landeigenaar (de)	земевладелец (м)	[zemevladélets]

klant (de)	клиент (м)	[kliént]
vaste klant (de)	постоянен клиент (м)	[postojánen kliént]
koper (de)	купувач (м)	[kupuvátʃ]
bezoeker (de)	посетител (м)	[posetítel]

professioneel (de)	професионалист (м)	[profesionalíst]
expert (de)	експерт (м)	[ekspért]
specialist (de)	специалист (м)	[spetsialíst]

| bankier (de) | банкер (м) | [bankér] |
| makelaar (de) | брокер (м) | [bróker] |

kassier (de)	касиер (м)	[kasiér]
boekhouder (de)	счетоводител (м)	[stʃetovodítel]
bewaker (de)	охранител (м)	[ohranítel]

investeerder (de)	инвеститор (м)	[investítor]
schuldenaar (de)	длъжник (м)	[dləʒník]
crediteur (de)	кредитор (м)	[kredítor]
lener (de)	заемател (м)	[zaemátel]

| importeur (de) | вносител (м) | [vnosítel] |
| exporteur (de) | износител (м) | [iznosítel] |

producent (de)	производител (м)	[proizvodítel]
distributeur (de)	дистрибутор (м)	[distribútor]
bemiddelaar (de)	посредник (м)	[posrédnik]

adviseur, consulent (de)	консултант (м)	[konsultánt]
vertegenwoordiger (de)	представител (м)	[pretstávitel]
agent (de)	агент (м)	[agént]
verzekeringsagent (de)	застрахователен агент (м)	[zastrahovátelen agent]

87. Dienstverlenende beroepen

kok (de)	готвач (м)	[gotvátʃ]
chef-kok (de)	главен готвач (м)	[gláven gotvátʃ]
bakker (de)	фурнаджия (ж)	[furnadʒíja]

barman (de)	барман (м)	[bárman]
kelner, ober (de)	сервитьор (м)	[servitʲór]
serveerster (de)	сервитьорка (ж)	[servitʲórka]
advocaat (de)	адвокат (м)	[advokát]
jurist (de)	юрист (м)	[juríst]
notaris (de)	нотариус (м)	[notárius]
elektricien (de)	монтьор (м)	[montʲór]
loodgieter (de)	водопроводчик (м)	[vodoprovóttʃik]
timmerman (de)	дърводелец (м)	[dərvodélets]
masseur (de)	масажист (м)	[masaʒíst]
masseuse (de)	масажистка (ж)	[masaʒístka]
dokter, arts (de)	лекар (м)	[lékar]
taxichauffeur (de)	таксиметров шофьор (м)	[taksimétrof ʃofʲór]
chauffeur (de)	шофьор (м)	[ʃofʲór]
koerier (de)	куриер (м)	[kuriér]
kamermeisje (het)	камериерка (ж)	[kameriérka]
bewaker (de)	охранител (м)	[ohranítel]
stewardess (de)	стюардеса (ж)	[stʲuardésa]
meester (de)	учител (м)	[utʃítel]
bibliothecaris (de)	библиотекар (м)	[bibliotekár]
vertaler (de)	преводач (м)	[prevodátʃ]
tolk (de)	преводач (м)	[prevodátʃ]
gids (de)	гид (м)	[git]
kapper (de)	фризьор (м)	[frizʲór]
postbode (de)	пощальон (м)	[poʃtalʲón]
verkoper (de)	продавач (м)	[prodavátʃ]
tuinman (de)	градинар (м)	[gradinár]
huisbediende (de)	слуга (м)	[slugá]
dienstmeisje (het)	слугиня (ж)	[slugínʲa]
schoonmaakster (de)	чистачка (ж)	[tʃistátʃka]

88. Militaire beroepen en rangen

soldaat (rang)	редник (м)	[rédnik]
sergeant (de)	сержант (м)	[serʒánt]
luitenant (de)	лейтенант (м)	[lejtenánt]
kapitein (de)	капитан (м)	[kapitán]
majoor (de)	майор (м)	[majór]
kolonel (de)	полковник (м)	[polkóvnik]
generaal (de)	генерал (м)	[generál]
maarschalk (de)	маршал (м)	[márʃal]
admiraal (de)	адмирал (м)	[admirál]
militair (de)	военен (м)	[voénen]
soldaat (de)	войник (м)	[vojník]

| officier (de) | офицер (м) | [ofitsér] |
| commandant (de) | командир (м) | [komandír] |

grenswachter (de)	митничар (м)	[mitnitʃár]
marconist (de)	радист (м)	[radíst]
verkenner (de)	разузнавач (м)	[razuznaváʧ]
sappeur (de)	сапьор (м)	[sapʲór]
schutter (de)	стрелец (м)	[streléts]
stuurman (de)	щурман (м)	[ʃtúrman]

89. Ambtenaren. Priesters

| koning (de) | крал (м) | [kral] |
| koningin (de) | кралица (ж) | [kralítsa] |

| prins (de) | принц (м) | [prints] |
| prinses (de) | принцеса (ж) | [printsésa] |

| tsaar (de) | цар (м) | [tsar] |
| tsarina (de) | царица (ж) | [tsarítsa] |

president (de)	президент (м)	[prezidént]
minister (de)	министър (м)	[minístər]
eerste minister (de)	министър-председател (м)	[minístər-pretsedátel]
senator (de)	сенатор (м)	[senátor]

diplomaat (de)	дипломат (м)	[diplomát]
consul (de)	консул (м)	[kónsul]
ambassadeur (de)	посланик (м)	[poslánik]
adviseur (de)	съветник (м)	[səvétnik]

ambtenaar (de)	чиновник (м)	[ʧinóvnik]
prefect (de)	префект (м)	[prefékt]
burgemeester (de)	кмет (м)	[kmet]

| rechter (de) | съдия (м) | [sədijá] |
| aanklager (de) | прокурор (м) | [prokurór] |

missionaris (de)	мисионер (м)	[misionér]
monnik (de)	монах (м)	[monáh]
abt (de)	абат (м)	[abát]
rabbi, rabbijn (de)	равин (м)	[ravín]

vizier (de)	везир (м)	[vezír]
sjah (de)	шах (м)	[ʃah]
sjeik (de)	шейх (м)	[ʃejh]

90. Agrarische beroepen

imker (de)	пчеловъд (м)	[pʧelovét]
herder (de)	пастир (м)	[pastír]
landbouwkundige (de)	агроном (м)	[agronóm]

veehouder (de)	животновъд (м)	[ʒivotnovét]
dierenarts (de)	ветеринар (м)	[veterinár]
landbouwer (de)	фермер (м)	[férmer]
wijnmaker (de)	винар (м)	[vinár]
zoöloog (de)	зоолог (м)	[zoolók]
cowboy (de)	каубой (м)	[káuboj]

91. Kunst beroepen

acteur (de)	актьор (м)	[aktjór]
actrice (de)	актриса (ж)	[aktrísa]
zanger (de)	певец (м)	[pevéts]
zangeres (de)	певица (ж)	[pevítsa]
danser (de)	танцьор (м)	[tantsʲór]
danseres (de)	танцьорка (ж)	[tantsʲórka]
artiest (mann.)	артист (м)	[artíst]
artiest (vrouw.)	артистка (ж)	[artístka]
muzikant (de)	музикант (м)	[muzikánt]
pianist (de)	пианист (м)	[pianíst]
gitarist (de)	китарист (м)	[kitaríst]
orkestdirigent (de)	диригент (м)	[dirigént]
componist (de)	композитор (м)	[kompozítor]
impresario (de)	импресарио (м)	[impresário]
filmregisseur (de)	режисьор (м)	[reʒisʲór]
filmproducent (de)	продуцент (м)	[produtsént]
scenarioschrijver (de)	сценарист (м)	[stsenaríst]
criticus (de)	критик (м)	[kritík]
schrijver (de)	писател (м)	[pisátel]
dichter (de)	поет (м)	[poét]
beeldhouwer (de)	скулптор (м)	[skúlptor]
kunstenaar (de)	художник (м)	[hudóʒnik]
jongleur (de)	жонгльор (м)	[ʒonglʲór]
clown (de)	клоун (м)	[klóun]
acrobaat (de)	акробат (м)	[akrobát]
goochelaar (de)	фокусник (м)	[fókusnik]

92. Verschillende beroepen

dokter, arts (de)	лекар (м)	[lékar]
ziekenzuster (de)	медицинска сестра (ж)	[meditsínska sestrá]
psychiater (de)	психиатър (м)	[psihiátər]
tandarts (de)	стоматолог (м)	[stomatolók]
chirurg (de)	хирург (м)	[hirúrk]

astronaut (de)	астронавт (м)	[astronáft]
astronoom (de)	астроном (м)	[astronóm]
chauffeur (de)	шофьор (м)	[ʃofʲór]
machinist (de)	машинист (м)	[maʃiníst]
mecanicien (de)	механик (м)	[mehánik]
mijnwerker (de)	миньор (м)	[minʲór]
arbeider (de)	работник (м)	[rabótnik]
bankwerker (de)	шлосер (м)	[ʃlóser]
houtbewerker (de)	дърводелец (м)	[dərvodélets]
draaier (de)	стругар (м)	[strugár]
bouwvakker (de)	строител (м)	[stroítel]
lasser (de)	заварчик (м)	[zavártʃik]
professor (de)	професор (м)	[profésor]
architect (de)	архитект (м)	[arhitékt]
historicus (de)	историк (м)	[istoрík]
wetenschapper (de)	учен (м)	[útʃen]
fysicus (de)	физик (м)	[fizík]
scheikundige (de)	химик (м)	[himík]
archeoloog (de)	археолог (м)	[arheolók]
geoloog (de)	геолог (м)	[geolók]
onderzoeker (de)	изследовател (м)	[issledovátel]
babysitter (de)	детегледачка (ж)	[detegledátʃka]
leraar, pedagoog (de)	учител, педагог (м)	[utʃítel], [pedagók]
redacteur (de)	редактор (м)	[redáktor]
chef-redacteur (de)	главен редактор (м)	[gláven redáktor]
correspondent (de)	кореспондент (м)	[korespondént]
typiste (de)	машинописка (ж)	[maʃinopíska]
designer (de)	дизайнер (м)	[dizájner]
computerexpert (de)	компютърен специалист (м)	[kompʲútəren spetsialíst]
programmeur (de)	програмист (м)	[programíst]
ingenieur (de)	инженер (м)	[inʒenér]
matroos (de)	моряк (м)	[morʲák]
zeeman (de)	матрос (м)	[matrós]
redder (de)	спасител (м)	[spasítel]
brandweerman (de)	пожарникар (м)	[poʒarnikár]
politieagent (de)	полицай (м)	[politsáj]
nachtwaker (de)	пазач (м)	[pazátʃ]
detective (de)	детектив (м)	[detektíf]
douanier (de)	митничар (м)	[mitnitʃár]
lijfwacht (de)	телохранител (с)	[telohranítel]
gevangenisbewaker (de)	надзирател (м)	[nadzirátel]
inspecteur (de)	инспектор (м)	[inspéktor]
sportman (de)	спортист (м)	[sportíst]
trainer (de)	треньор (м)	[trenʲór]

slager, beenhouwer (de)	месар (м)	[mesár]
schoenlapper (de)	обущар (м)	[obuʃtár]
handelaar (de)	търговец (м)	[tərgóvets]
lader (de)	хамалин (м)	[hamálin]
kledingstilist (de)	моделиер (м)	[modeliér]
model (het)	модел (м)	[modél]

93. Beroepen. Sociale status

scholier (de)	ученик (м)	[utʃeník]
student (de)	студент (м)	[studént]
filosoof (de)	философ (м)	[filosóf]
econoom (de)	икономист (м)	[ikonomíst]
uitvinder (de)	изобретател (м)	[izobretátel]
werkloze (de)	безработен човек (м)	[bezrabóten tʃovék]
gepensioneerde (de)	пенсионер (м)	[pensionér]
spion (de)	шпионин (м)	[ʃpiónin]
gedetineerde (de)	затворник (м)	[zatvórnik]
staker (de)	стачник (м)	[státʃnik]
bureaucraat (de)	бюрократ (м)	[bʲurokrát]
reiziger (de)	пътешественик (м)	[pəteʃéstvenik]
homoseksueel (de)	хомосексуалист (м)	[homoseksualíst]
hacker (computerkraker)	хакер (м)	[háker]
hippie (de)	хипи (м)	[hípi]
bandiet (de)	бандит (м)	[bandít]
huurmoordenaar (de)	наемен убиец (м)	[naémen ubíets]
drugsverslaafde (de)	наркоман (м)	[narkomán]
drugshandelaar (de)	наркотрафикант (м)	[narkotrafikánt]
prostituee (de)	проститутка (ж)	[prostitútka]
pooier (de)	сутеньор (м)	[sutenʲór]
tovenaar (de)	магьосник (м)	[magʲósnik]
tovenares (de)	магьосница (ж)	[magʲósnitsa]
piraat (de)	пират (м)	[pirát]
slaaf (de)	роб (м)	[rop]
samoerai (de)	самурай (м)	[samurái̯]
wilde (de)	дивак (м)	[divák]

Onderwijs

94. School

school (de)	училище (c)	[utʃíliʃte]
schooldirecteur (de)	директор (м) на училище	[diréktor na utʃíliʃte]
leerling (de)	ученик (м)	[utʃeník]
leerlinge (de)	ученичка (ж)	[utʃenítʃka]
scholier (de)	ученик (м)	[utʃeník]
scholiere (de)	ученичка (ж)	[utʃenítʃka]
leren (lesgeven)	уча	[útʃa]
studeren (bijv. een taal ~)	уча	[útʃa]
van buiten leren	уча наизуст	[útʃa naizúst]
leren (bijv. ~ tellen)	уча се	[útʃa se]
in school zijn (schooljongen zijn)	ходя на училище	[hódʲa na utʃíliʃte]
naar school gaan	отивам на училище	[otívam na utʃíliʃte]
alfabet (het)	алфавит (м)	[alfavít]
vak (schoolvak)	предмет (м)	[predmét]
klaslokaal (het)	клас (м)	[klas]
les (de)	час (м)	[tʃas]
pauze (de)	междучасие (c)	[meʒdutʃásie]
bel (de)	звънец (м)	[zvənéts]
schooltafel (de)	чин (м)	[tʃin]
schoolbord (het)	дъска (ж)	[dəská]
cijfer (het)	бележка (ж)	[beléʃka]
goed cijfer (het)	добра оценка (ж)	[dobrá otsénka]
slecht cijfer (het)	лоша оценка (ж)	[lóʃa otsénka]
een cijfer geven	пиша оценка (ж)	[píʃa otsénka]
fout (de)	грешка (ж)	[gréʃka]
fouten maken	правя грешки	[právʲa gréʃki]
corrigeren (fouten ~)	поправям	[poprávʲam]
spiekbriefje (het)	пищов (м)	[piʃtóv]
huiswerk (het)	домашно (c)	[domáʃno]
oefening (de)	упражнение (c)	[upraʒnénie]
aanwezig zijn (ww)	присъствам	[prisə́stvam]
absent zijn (ww)	отсъствам	[otsə́stvam]
bestraffen (een stout kind ~)	наказвам	[nakázvam]
bestraffing (de)	наказание (c)	[nakazánie]
gedrag (het)	поведение (c)	[povedénie]

cijferlijst (de)	дневник (м)	[dnévnik]
potlood (het)	молив (м)	[móliv]
gom (de)	гума (ж)	[gúma]
krijt (het)	тебешир (м)	[tebeʃír]
pennendoos (de)	несесер (м)	[nesesér]
boekentas (de)	раница (ж)	[ránitsa]
pen (de)	химикалка (ж)	[himikálka]
schrift (de)	тетрадка (ж)	[tetrátka]
leerboek (het)	учебник (м)	[utʃébnik]
passer (de)	пергел (м)	[pergél]
technisch tekenen (ww)	чертая	[tʃertája]
technische tekening (de)	чертеж (м)	[tʃertéʒ]
gedicht (het)	стихотворение (с)	[stihotvorénie]
van buiten (bw)	наизуст	[naizúst]
van buiten leren	уча наизуст	[útʃa naizúst]
vakantie (de)	ваканция (ж)	[vakántsija]
met vakantie zijn	във ваканция съм	[vəf vakántsija səm]
vakantie doorbrengen	прекарвам ваканция	[prekárvam vakántsija]
toets (schriftelijke ~)	контролна работа (ж)	[kontrólna rábota]
opstel (het)	съчинение (с)	[səʧinénie]
dictee (het)	диктовка (ж)	[diktófka]
examen (het)	изпит (м)	[íspit]
examen afleggen	полагам изпити	[polágam íspiti]
experiment (het)	опит (м)	[ópit]

95. Hogeschool. Universiteit

academie (de)	академия (ж)	[akadémija]
universiteit (de)	университет (м)	[universitét]
faculteit (de)	факултет (м)	[fakultét]
student (de)	студент (м)	[studént]
studente (de)	студентка (ж)	[studéntka]
leraar (de)	преподавател (м)	[prepodavátel]
collegezaal (de)	аудитория (ж)	[auditórija]
afgestudeerde (de)	абсолвент (м)	[absolvént]
diploma (het)	диплома (ж)	[díploma]
dissertatie (de)	дисертация (ж)	[disertátsija]
onderzoek (het)	изследване (с)	[isslédvane]
laboratorium (het)	лаборатория (ж)	[laboratórija]
college (het)	лекция (ж)	[léktsija]
medestudent (de)	състудент (м)	[səstudént]
studiebeurs (de)	стипендия (ж)	[stipéndija]
academische graad (de)	научна степен (ж)	[naútʃna stépen]

96. Wetenschappen. Disciplines

wiskunde (de)	математика (ж)	[matemátika]
algebra (de)	алгебра (ж)	[álgebra]
meetkunde (de)	геометрия (ж)	[geométrija]
astronomie (de)	астрономия (ж)	[astronómija]
biologie (de)	биология (ж)	[biológija]
geografie (de)	география (ж)	[geográfija]
geologie (de)	геология (ж)	[geológija]
geschiedenis (de)	история (ж)	[istórija]
geneeskunde (de)	медицина (ж)	[meditsína]
pedagogiek (de)	педагогика (ж)	[pedagógika]
rechten (mv.)	право (с)	[právo]
fysica, natuurkunde (de)	физика (ж)	[fízika]
scheikunde (de)	химия (ж)	[hímija]
filosofie (de)	философия (ж)	[filosófija]
psychologie (de)	психология (ж)	[psihológija]

97. Schrift. Spelling

grammatica (de)	граматика (ж)	[gramátika]
vocabulaire (het)	лексика (ж)	[léksika]
fonetiek (de)	фонетика (ж)	[fonétika]
zelfstandig naamwoord (het)	съществително име (с)	[səʃtestvítelno íme]
bijvoeglijk naamwoord (het)	прилагателно име (с)	[prilagátelno íme]
werkwoord (het)	глагол (м)	[glagól]
bijwoord (het)	наречие (с)	[narétʃie]
voornaamwoord (het)	местоимение (с)	[mestoiménie]
tussenwerpsel (het)	междуметие (с)	[meʒdumétie]
voorzetsel (het)	предлог (м)	[predlók]
stam (de)	корен (м) на думата	[kóren na dúmata]
achtervoegsel (het)	окончание (с)	[okontʃánie]
voorvoegsel (het)	представка (ж)	[pretstáfka]
lettergreep (de)	сричка (ж)	[srítʃka]
achtervoegsel (het)	наставка (ж)	[nastáfka]
nadruk (de)	ударение (с)	[udarénie]
afkappingsteken (het)	апостроф (м)	[apostróf]
punt (de)	точка (ж)	[tótʃka]
komma (de/het)	запетая (ж)	[zapetája]
puntkomma (de)	точка (ж) и запетая	[tótʃka i zapetája]
dubbelpunt (de)	двоеточие (с)	[dvoetótʃie]
beletselteken (het)	многоточие (с)	[mnogotótʃie]
vraagteken (het)	въпросителен знак (м)	[vəprosítelen znák]
uitroepteken (het)	удивителна (ж)	[udivítelna]

aanhalingstekens (mv.)	кавички (мн)	[kavítʃki]
tussen aanhalingstekens (bw)	в кавички	[v kavítʃki]
haakjes (mv.)	скоби (ж мн)	[skóbi]
tussen haakjes (bw)	в скоби	[v skóbi]
streepje (het)	дефис (м)	[defís]
gedachtestreepje (het)	тире (с)	[tiré]
spatie (~ tussen twee woorden)	бяло поле (с)	[bʲálo polé]
letter (de)	буква (ж)	[búkva]
hoofdletter (de)	главна буква (ж)	[glávna búkva]
klinker (de)	гласен звук (м)	[glásen zvuk]
medeklinker (de)	съгласен звук (м)	[səglásen zvuk]
zin (de)	изречение (с)	[izretʃénie]
onderwerp (het)	подлог (м)	[pódlok]
gezegde (het)	сказуемо (с)	[skazúemo]
regel (in een tekst)	ред (м)	[ret]
op een nieuwe regel (bw)	от нов ред	[ot nóv ret]
alinea (de)	абзац (м)	[abzáts]
woord (het)	дума (ж)	[dúma]
woordgroep (de)	словосъчетание (с)	[slovo·sətʃetánie]
uitdrukking (de)	израз (м)	[ízraz]
synoniem (het)	синоним (м)	[sinoním]
antoniem (het)	антоним (м)	[antoním]
regel (de)	правило (с)	[právilo]
uitzondering (de)	изключение (с)	[izklʲutʃénie]
correct (bijv. ~e spelling)	верен	[véren]
vervoeging, conjugatie (de)	спрежение (с)	[spreʒénie]
verbuiging, declinatie (de)	склонение (с)	[sklonénie]
naamval (de)	падеж (м)	[padéʒ]
vraag (de)	въпрос (м)	[vəprós]
onderstrepen (ww)	подчертая	[podtʃertája]
stippellijn (de)	пунктир (м)	[punktír]

98. Vreemde talen

taal (de)	език (м)	[ezík]
vreemd (bn)	чужд	[tʃuʒd]
vreemde taal (de)	чужд език (м)	[tʃuʒd ezík]
leren (bijv. van buiten ~)	изучавам	[izutʃávam]
studeren (Nederlands ~)	уча	[útʃa]
lezen (ww)	чета	[tʃeta]
spreken (ww)	говоря	[govórʲa]
begrijpen (ww)	разбирам	[razbíram]
schrijven (ww)	пиша	[píʃa]
snel (bw)	бързо	[bérzo]

langzaam (bw)	бавно	[bávno]
vloeiend (bw)	свободно	[svobódno]
regels (mv.)	правила (с мн)	[pravilá]
grammatica (de)	граматика (ж)	[gramátika]
vocabulaire (het)	лексика (ж)	[léksika]
fonetiek (de)	фонетика (ж)	[fonétika]
leerboek (het)	учебник (м)	[utʃébnik]
woordenboek (het)	речник (м)	[rétʃnik]
leerboek (het) voor zelfstudie	самоучител (м)	[samoutʃítel]
taalgids (de)	разговорник (м)	[razgovórnik]
cassette (de)	касета (ж)	[kaséta]
videocassette (de)	видеокасета (ж)	[video·kaséta]
CD (de)	CD диск (м)	[sidí disk]
DVD (de)	DVD (м)	[dividí]
alfabet (het)	алфавит (м)	[alfavít]
spellen (ww)	спелувам	[spelúvam]
uitspraak (de)	произношение (с)	[proiznoʃénie]
accent (het)	акцент (м)	[aktsént]
met een accent (bw)	с акцент	[s aktsént]
zonder accent (bw)	без акцент	[bez aktsént]
woord (het)	дума (ж)	[dúma]
betekenis (de)	смисъл (м)	[smísəl]
cursus (de)	курсове (м мн)	[kúrsove]
zich inschrijven (ww)	запиша се	[zapíʃa se]
leraar (de)	преподавател (м)	[prepodavátel]
vertaling (een ~ maken)	превод (м)	[prévot]
vertaling (tekst)	превод (м)	[prévot]
vertaler (de)	преводач (м)	[prevodátʃ]
tolk (de)	преводач (м)	[prevodátʃ]
polyglot (de)	полиглот (м)	[poliglót]
geheugen (het)	памет (ж)	[pámet]

Rusten. Entertainment. Reizen

99. Trip. Reizen

toerisme (het)	туризъм (м)	[turízəm]
toerist (de)	турист (м)	[turíst]
reis (de)	пътешествие (с)	[pəteʃéstvie]
avontuur (het)	приключение (с)	[priklʲutʃénie]
tocht (de)	пътуване (с)	[pətúvane]
vakantie (de)	отпуска (ж)	[ótpuska]
met vakantie zijn	бъда в отпуска	[béda v ótpuska]
rust (de)	почивка (ж)	[potʃífka]
trein (de)	влак (м)	[vlak]
met de trein	с влак	[s vlak]
vliegtuig (het)	самолет (м)	[samolét]
met het vliegtuig	със самолет	[səs samolét]
met de auto	с кола	[s kolá]
per schip (bw)	с кораб	[s kórap]
bagage (de)	багаж (м)	[bagáʃ]
valies (de)	куфар (м)	[kúfar]
bagagekarretje (het)	количка (ж) за багаж	[kolítʃka za bagáʃ]
paspoort (het)	паспорт (м)	[paspórt]
visum (het)	виза (ж)	[víza]
kaartje (het)	билет (м)	[bilét]
vliegticket (het)	самолетен билет (м)	[samoléten bilét]
reisgids (de)	пътеводител (м)	[pətevodítel]
kaart (de)	карта (ж)	[kárta]
gebied (landelijk ~)	местност (ж)	[méstnost]
plaats (de)	място (с)	[mʲásto]
exotische bestemming (de)	екзотика (ж)	[ekzótika]
exotisch (bn)	екзотичен	[ekzotítʃen]
verwonderlijk (bn)	удивителен	[udivítelen]
groep (de)	група (ж)	[grúpa]
rondleiding (de)	екскурзия (ж)	[ekskúrzija]
gids (de)	гид (м)	[git]

100. Hotel

hotel (het)	хотел (м)	[hotél]
motel (het)	мотел (м)	[motél]
3-sterren	три звезди	[tri zvezdí]

5-sterren	пет звезди	[pet zvezdí]
overnachten (ww)	отсядам	[ots^jádam]

kamer (de)	стая (ж) в хотел	[stája f hotél]
eenpersoonskamer (de)	единична стая (ж)	[edinítʃna stája]
tweepersoonskamer (de)	двойна стая (ж)	[dvójna stája]
een kamer reserveren	резервирам стая	[rezervíram stája]

halfpension (het)	полупансион (м)	[polupansión]
volpension (het)	пълен пансион (м)	[pélen pansión]

met badkamer	с баня	[s bán^ja]
met douche	с душ	[s duʃ]
satelliet-tv (de)	сателитна телевизия (ж)	[satelítna televízija]
airconditioner (de)	климатик (м)	[klimatík]
handdoek (de)	кърпа (ж)	[kérpa]
sleutel (de)	ключ (м)	[kl^jutʃ]

administrateur (de)	администратор (м)	[administrátor]
kamermeisje (het)	камериерка (ж)	[kameriérka]
piccolo (de)	носач (м)	[nosátʃ]
portier (de)	портиер (м)	[portiér]

restaurant (het)	ресторант (м)	[restoránt]
bar (de)	бар (м)	[bar]
ontbijt (het)	закуска (ж)	[zakúska]
avondeten (het)	вечеря (ж)	[vetʃér^ja]
buffet (het)	шведска маса (ж)	[ʃvétska mása]

hal (de)	вестибюл (м)	[vestib^júl]
lift (de)	асансьор (м)	[asans^jór]

NIET STOREN	НЕ МЕ БЕЗПОКОЙТЕ!	[ne me bespokójte]
VERBODEN TE ROKEN!	ПУШЕНЕТО ЗАБРАНЕНО!	[puʃenéto zabráneno]

TECHNISCHE APPARATUUR. VERVOER

Technische apparatuur

101. Computer

computer (de)	компютър (м)	[kompʲútər]
laptop (de)	лаптоп (м)	[laptóp]
aanzetten (ww)	включа	[fklʲútʃa]
uitzetten (ww)	изключа	[isklʲútʃa]
toetsenbord (het)	клавиатура (ж)	[klaviatúra]
toets (enter~)	клавиш (м)	[klavíʃ]
muis (de)	мишка (ж)	[míʃka]
muismat (de)	подложка (ж) за мишка	[podlóʃka za míʃka]
knopje (het)	бутон (м)	[butón]
cursor (de)	курсор (м)	[kursór]
monitor (de)	монитор (м)	[monítor]
scherm (het)	екран (м)	[ekrán]
harde schijf (de)	твърд диск (м)	[tvǽrd dísk]
volume (het)	капацитет (м)	[kapatsitét
van de harde schijf	на твърдия диск	na tvǽrdija disk]
geheugen (het)	памет (ж)	[pámet]
RAM-geheugen (het)	оперативна памет (ж)	[operatsiónna pámet]
bestand (het)	файл (м)	[fajl]
folder (de)	папка (ж)	[pápka]
openen (ww)	отворя	[otvórʲa]
sluiten (ww)	затворя	[zatvórʲa]
opslaan (ww)	съхраня	[səhranʲá]
verwijderen (wissen)	изтрия	[istríja]
kopiëren (ww)	копирам	[kopíram]
sorteren (ww)	сортирам	[sortíram]
overplaatsen (ww)	копира	[kopíra]
programma (het)	програма (ж)	[prográma]
software (de)	софтуер (м)	[softuér]
programmeur (de)	програмист (м)	[programíst]
programmeren (ww)	програмирам	[programíram]
hacker (computerkraker)	хакер (м)	[háker]
wachtwoord (het)	парола (ж)	[paróla]
virus (het)	вирус (м)	[vírus]
ontdekken (virus ~)	намеря	[namérʲa]

byte (de)	байт (м)	[bajt]
megabyte (de)	мегабайт (м)	[megabájt]
data (de)	данни (мн)	[dánni]
databank (de)	база (ж) данни	[báza dánni]
kabel (USB-~, enz.)	кабел (м)	[kábel]
afsluiten (ww)	разединя	[razedin'á]
aansluiten op (ww)	съединя	[səedin'á]

102. Internet. E-mail

internet (het)	интернет (м)	[internét]
browser (de)	браузър (м)	[bráuzər]
zoekmachine (de)	търсачка (ж)	[tərsátʃka]
internetprovider (de)	интернет доставчик (м)	[ínternet dostáftʃik]
webmaster (de)	уеб майстор (м)	[web májstor]
website (de)	уеб сайт (м)	[web sajt]
webpagina (de)	уеб страница (ж)	[web stránitsa]
adres (het)	адрес (м)	[adrés]
adresboek (het)	адресна книга (ж)	[adrésna kníga]
postvak (het)	пощенска кутия (ж)	[póʃtenska kutíja]
post (de)	поща (ж)	[póʃta]
vol (~ postvak)	препълнен	[prepélnen]
bericht (het)	съобщение (с)	[səobʃténie]
binnenkomende berichten (mv.)	входящи съобщения (с мн)	[fhod'áʃti səobʃténija]
uitgaande berichten (mv.)	изходящи съобщения (с мн)	[ishod'áʃti səobʃténija]
verzender (de)	подател (м)	[podátel]
verzenden (ww)	изпратя	[isprát'a]
verzending (de)	изпращане (с)	[spráʃtane]
ontvanger (de)	получател (м)	[polutʃátel]
ontvangen (ww)	получа	[polútʃa]
correspondentie (de)	кореспонденция (ж)	[korespondéntsija]
corresponderen (met …)	кореспондирам	[korespondíram]
bestand (het)	файл (м)	[fajl]
downloaden (ww)	свалям	[svál'am]
creëren (ww)	създам	[səzdám]
verwijderen (een bestand ~)	изтрия	[istríja]
verwijderd (bn)	изтрит	[istrít]
verbinding (de)	връзка (ж)	[vréska]
snelheid (de)	скорост (ж)	[skórost]
modem (de)	модем (м)	[modém]
toegang (de)	достъп (м)	[dóstəp]
poort (de)	порт (м)	[port]
aansluiting (de)	връзка (ж)	[vréska]

zich aansluiten (ww)	се свържа с ...	[se svérʒa s]
selecteren (ww)	избера	[izberá]
zoeken (ww)	търся	[tǎrsʲa]

103. Elektriciteit

elektriciteit (de)	електричество (с)	[elektrítʃestvo]
elektrisch (bn)	електрически	[elektrítʃeski]
elektriciteitscentrale (de)	електроцентрала (ж)	[elektro·tsentrála]
energie (de)	енергия (ж)	[enérgija]
elektrisch vermogen (het)	електроенергия (ж)	[elektro·enérgija]
lamp (de)	крушка (ж)	[krúʃka]
zaklamp (de)	фенер (м)	[fenér]
straatlantaarn (de)	фенер (м)	[fenér]
licht (elektriciteit)	електричество (с)	[elektrítʃestvo]
aandoen (ww)	включвам	[fklʲútʃvam]
uitdoen (ww)	изключвам	[isklʲútʃvam]
het licht uitdoen	изключвам ток	[isklʲútʃvam tok]
doorbranden (gloeilamp)	прегоря	[pregorʲá]
kortsluiting (de)	късо съединение (с)	[késo səedinénie]
onderbreking (de)	прекъсване (с)	[prekésvane]
contact (het)	контакт (м)	[kontákt]
schakelaar (de)	изключвател (м)	[izklʲutʃvátel]
stopcontact (het)	контакт (м)	[kontákt]
stekker (de)	щепсел (м)	[ʃtépsel]
verlengsnoer (de)	удължител (м)	[udəlʒítel]
zekering (de)	предпазител (м)	[predpázitel]
kabel (de)	кабел (м)	[kábel]
bedrading (de)	инсталация (ж)	[instalátsija]
ampère (de)	ампер (м)	[ampér]
stroomsterkte (de)	сила (ж) на тока	[síla na tóka]
volt (de)	волт (м)	[volt]
spanning (de)	напрежение (с)	[napreʒénie]
elektrisch toestel (het)	електроуред (м)	[elektroúret]
indicator (de)	индикатор (м)	[indikátor]
electricien (de)	електротехник (м)	[elektrotehník]
solderen (ww)	запоявам	[zapojávam]
soldeerbout (de)	поялник (м)	[pojálnik]
stroom (de)	ток (м)	[tok]

104. Gereedschappen

werktuig (stuk gereedschap)	инструмент (м)	[instrumént]
gereedschap (het)	инструменти (м мн)	[instrumént i]

uitrusting (de)	оборудване (с)	[oborúdvane]
hamer (de)	чук (м)	[tʃuk]
schroevendraaier (de)	отвертка (ж)	[otvértka]
bijl (de)	брадва (ж)	[brádva]
zaag (de)	трион (м)	[trión]
zagen (ww)	режа с трион	[réʒa s trión]
schaaf (de)	ренде (с)	[rendé]
schaven (ww)	рендосвам	[rendósvam]
soldeerbout (de)	поялник (м)	[pojálnik]
solderen (ww)	запоявам	[zapojávam]
vijl (de)	пила (ж)	[pilá]
nijptang (de)	клещи (мн)	[kléʃti]
combinatietang (de)	плоски клещи (мн)	[plóski kléʃti]
beitel (de)	длето (с)	[dletó]
boorkop (de)	свредел (с)	[svredél]
boormachine (de)	дрелка (ж)	[drélka]
boren (ww)	пробивам с дрелка	[probívam s drélka]
mes (het)	нож (м)	[noʒ]
zakmes (het)	сгъваем нож (м)	[sgəváem noʒ]
lemmet (het)	острие (с)	[ostrié]
scherp (bijv. ~ mes)	остър	[óstər]
bot (bn)	тъп	[təp]
bot raken (ww)	затъпявам се	[zatəpʲávam se]
slijpen (een mes ~)	точа	[tótʃa]
bout (de)	болт (м)	[bolt]
moer (de)	гайка (ж)	[gájka]
schroefdraad (de)	резба (ж)	[rezbá]
houtschroef (de)	винт (м)	[vint]
spijker (de)	пирон (м)	[pirón]
kop (de)	глава (ж)	[glavá]
liniaal (de/het)	линийка (ж)	[línijka]
rolmeter (de)	рулетка (ж)	[rulétka]
waterpas (de/het)	нивелир (с)	[nivelír]
loep (de)	лупа (ж)	[lúpa]
meetinstrument (het)	измервателен уред (м)	[izmervátelen úret]
opmeten (ww)	измервам	[izmérvam]
schaal (meetschaal)	скала (ж)	[skála]
gegevens (mv.)	показание (с)	[pokazánie]
compressor (de)	компресор (м)	[komprésor]
microscoop (de)	микроскоп (м)	[mikroskóp]
pomp (de)	помпа (ж)	[pómpa]
robot (de)	робот (м)	[robót]
laser (de)	лазер (м)	[lázer]
moersleutel (de)	гаечен ключ (м)	[gáetʃen klʲutʃ]
plakband (de)	тиксо (с)	[tíkso]

lijm (de)	лепило (с)	[lepílo]
schuurpapier (het)	шмиргелова хартия (ж)	[ʃmírgelova hartíja]
veer (de)	пружина (ж)	[pruʒína]
magneet (de)	магнит (м)	[magnít]
handschoenen (mv.)	ръкавици (ж мн)	[rəkavítsi]
touw (bijv. henneptouw)	въже (с)	[vəʒé]
snoer (het)	шнур (м)	[ʃnur]
draad (de)	кабел (м)	[kábel]
kabel (de)	кабел (м)	[kábel]
moker (de)	боен чук (м)	[bóen tʃuk]
breekijzer (het)	лом (м)	[lom]
ladder (de)	стълба (ж)	[stélba]
trapje (inklapbaar ~)	подвижна стълба (ж)	[podvíʒna stélba]
aanschroeven (ww)	завъртам	[zavértam]
losschroeven (ww)	отвъртам	[otvértam]
dichtpersen (ww)	притискам	[pritískam]
vastlijmen (ww)	залепвам	[zalépvam]
snijden (ww)	режа	[réʒa]
defect (het)	неизправност (ж)	[neisprávnost]
reparatie (de)	поправка (ж)	[popráfka]
repareren (ww)	ремонтирам	[remontíram]
regelen (een machine ~)	регулирам	[regulíram]
checken (ww)	проверявам	[proverʲávam]
controle (de)	проверка (ж)	[provérka]
gegevens (mv.)	показание (с)	[pokazánie]
degelijk (bijv. ~ machine)	сигурен	[síguren]
ingewikkeld (bn)	сложен	[slóʒen]
roesten (ww)	ръждясвам	[rəʒdʲásvam]
roestig (bn)	ръждясал	[rəʒdʲásal]
roest (de/het)	ръжда (ж)	[rəʒdá]

Vervoer

105. Vliegtuig

vliegtuig (het)	самолет (м)	[samolét]
vliegticket (het)	самолетен билет (м)	[samoléten bilét]
luchtvaartmaatschappij (de)	авиокомпания (ж)	[aviokompánija]
luchthaven (de)	летище (с)	[letíʃte]
supersonisch (bn)	свръхзвуков	[svrəh-zvúkov]
gezagvoerder (de)	командир (м) на самолет	[komandír na samolét]
bemanning (de)	екипаж (м)	[ekipáʒ]
piloot (de)	пилот (м)	[pilót]
stewardess (de)	стюардеса (ж)	[stʲuardésa]
stuurman (de)	щурман (м)	[ʃtúrman]
vleugels (mv.)	крила (мн)	[krilá]
staart (de)	опашка (ж)	[opáʃka]
cabine (de)	кабина (ж)	[kabína]
motor (de)	двигател (м)	[dvigátel]
landingsgestel (het)	шаси (мн)	[ʃasí]
turbine (de)	турбина (ж)	[turbína]
propeller (de)	перка (ж)	[pérka]
zwarte doos (de)	черна кутия (ж)	[tʃérna kutíja]
stuur (het)	кормило (с)	[kormílo]
brandstof (de)	гориво (с)	[gorívo]
veiligheidskaart (de)	инструкция (ж)	[instrúktsija]
zuurstofmasker (het)	кислородна маска (ж)	[kisloródna máska]
uniform (het)	униформа (ж)	[unifórma]
reddingsvest (de)	спасителна жилетка (ж)	[spasítelna ʒilétka]
parachute (de)	парашут (м)	[paraʃút]
opstijgen (het)	излитане (с)	[izlítane]
opstijgen (ww)	излитам	[izlítam]
startbaan (de)	писта (ж) за излитане	[písta za izlítane]
zicht (het)	видимост (ж)	[vídimost]
vlucht (de)	полет (м)	[pólet]
hoogte (de)	височина (ж)	[visotʃiná]
luchtzak (de)	въздушна яма (ж)	[vəzdúʃna jáma]
plaats (de)	място (с)	[mʲásto]
koptelefoon (de)	слушалки (ж мн)	[sluʃálki]
tafeltje (het)	прибираща се масичка (ж)	[pribíraʃta se másitʃka]
venster (het)	илюминатор (м)	[ilʲuminátor]
gangpad (het)	проход (м)	[próhot]

106. Trein

trein (de)	влак (м)	[vlak]
elektrische trein (de)	електрически влак (м)	[elektrítʃeski vlak]
sneltrein (de)	бърз влак (м)	[bérz vlak]
diesellocomotief (de)	дизелов локомотив (м)	[dízelof lokomotíf]
stoomlocomotief (de)	парен локомотив (м)	[páren lokomotíf]
rijtuig (het)	вагон (м)	[vagón]
restauratierijtuig (het)	вагон-ресторант (м)	[vagón-restoránt]
rails (mv.)	релси (ж мн)	[rélsi]
spoorweg (de)	железница (ж)	[ʒeléznitsa]
dwarsligger (de)	траверса (ж)	[travérsa]
perron (het)	платформа (ж)	[platfórma]
spoor (het)	коловоз (м)	[kolovós]
semafoor (de)	семафор (м)	[semafór]
halte (bijv. kleine treinhalte)	гара (ж)	[gára]
machinist (de)	машинист (м)	[maʃiníst]
kruier (de)	носач (м)	[nosátʃ]
conducteur (de)	стюард (м)	[stʲuárt]
passagier (de)	пътник (м)	[pétnik]
controleur (de)	контрольор (м)	[kontrolʲór]
gang (in een trein)	коридор (м)	[koridór]
noodrem (de)	аварийна спирачка (ж)	[avaríjna spirátʃka]
coupé (de)	купе (с)	[kupé]
bed (slaapplaats)	легло (с)	[legló]
bovenste bed (het)	горно легло (с)	[górno legló]
onderste bed (het)	долно легло (с)	[dólno legló]
beddengoed (het)	спално бельо (с)	[spálno belʲó]
kaartje (het)	билет (м)	[bilét]
dienstregeling (de)	разписание (с)	[raspisánie]
informatiebord (het)	табло (с)	[tabló]
vertrekken (De trein vertrekt …)	заминавам	[zaminávam]
vertrek (ov. een trein)	заминаване (с)	[zaminávane]
aankomen (ov. de treinen)	пристигам	[pristígam]
aankomst (de)	пристигане (с)	[pristígane]
aankomen per trein	пристигна с влак	[pristígna s vlak]
in de trein stappen	качвам се във влак	[kátʃvam se vəf vlak]
uit de trein stappen	слизам от влак	[slízam ot vlak]
treinwrak (het)	катастрофа (ж)	[katastrófa]
ontspoord zijn	дерайлирам	[derajlíram]
stoomlocomotief (de)	парен локомотив (м)	[páren lokomotíf]
stoker (de)	огняр (м)	[ognʲár]
stookplaats (de)	пещ (м) на локомотив	[peʃt na lokomotíf]
steenkool (de)	въглища (ж)	[végliʃta]

107. Schip

schip (het)	кораб (м)	[kórap]
vaartuig (het)	плавателен съд (м)	[plavátelen sət]
stoomboot (de)	параход (м)	[parahót]
motorschip (het)	моторен кораб (м)	[motóren kórap]
lijnschip (het)	рейсов кораб (м)	[réjsov kórap]
kruiser (de)	крайцер (м)	[krájtser]
jacht (het)	яхта (ж)	[jáhta]
sleepboot (de)	влекач (м)	[vlekátʃ]
duwbak (de)	шлеп (м)	[ʃlep]
ferryboot (de)	сал (м)	[sal]
zeilboot (de)	платноходка (ж)	[platnohótka]
brigantijn (de)	бригантина (ж)	[brigantína]
ijsbreker (de)	ледоразбивач (м)	[ledo·razbivátʃ]
duikboot (de)	подводница (ж)	[podvódnitsa]
boot (de)	лодка (ж)	[lótka]
sloep (de)	лодка (ж)	[lótka]
reddingssloep (de)	спасителна лодка (ж)	[spasítelna lótka]
motorboot (de)	катер (м)	[káter]
kapitein (de)	капитан (м)	[kapitán]
zeeman (de)	матрос (м)	[matrós]
matroos (de)	моряк (м)	[morʲák]
bemanning (de)	екипаж (м)	[ekipáʒ]
bootsman (de)	боцман (м)	[bótsman]
scheepsjongen (de)	юнга (м)	[júnga]
kok (de)	корабен готвач (м)	[kóraben gotvátʃ]
scheepsarts (de)	корабен лекар (м)	[kóraben lékar]
dek (het)	палуба (ж)	[páluba]
mast (de)	мачта (ж)	[mátʃta]
zeil (het)	корабно платно (с)	[kórabno platnó]
ruim (het)	трюм (м)	[trʲum]
voorsteven (de)	нос (м)	[nos]
achtersteven (de)	кърма (ж)	[kərmá]
roeispaan (de)	гребло (с)	[grebló]
schroef (de)	витло (с)	[vitló]
kajuit (de)	каюта (ж)	[kajúta]
officierskamer (de)	каюткомпания (ж)	[kajut kompánija]
machinekamer (de)	машинно отделение (с)	[maʃínno otdelénie]
brug (de)	капитански мостик (м)	[kapitánski móstik]
radiokamer (de)	радиобудка (ж)	[rádiobútka]
radiogolf (de)	вълна (ж)	[vəlná]
logboek (het)	корабен дневник (м)	[kóraben dnévnik]
verrekijker (de)	далекоглед (м)	[dalekoglét]
klok (de)	камбана (ж)	[kambána]

vlag (de)	знаме (с)	[zná me]
kabel (de)	дебело въже (с)	[debélo vəʒé]
knoop (de)	възел (м)	[vázel]
leuning (de)	дръжка (ж)	[dréʃka]
trap (de)	трап (м)	[trap]
anker (het)	котва (ж)	[kótva]
het anker lichten	вдигна котва	[vdígna kótva]
het anker neerlaten	хвърля котва	[hvérlʲa kótva]
ankerketting (de)	котвена верига (ж)	[kótvena veríga]
haven (bijv. containerhaven)	пристанище (с)	[pristániʃte]
kaai (de)	кей (м)	[kej]
aanleggen (ww)	акостирам	[akostíram]
wegvaren (ww)	отплувам	[otplúvam]
reis (de)	пътешествие (с)	[pəteʃéstvie]
cruise (de)	морско пътешествие (с)	[mórsko pəteʃéstvie]
koers (de)	курс (м)	[kurs]
route (de)	маршрут (м)	[marʃrút]
vaarwater (het)	фарватер (м)	[farváter]
zandbank (de)	плитчина (ж)	[plittʃiná]
stranden (ww)	заседна на плитчина	[zasédna na plittʃiná]
storm (de)	буря (ж)	[búrʲa]
signaal (het)	сигнал (м)	[signál]
zinken (ov. een boot)	потъвам	[potévam]
SOS (noodsignaal)	SOS	[sos]
reddingsboei (de)	спасителен пояс (м)	[spasítilen pójas]

108. Vliegveld

luchthaven (de)	летище (с)	[letíʃte]
vliegtuig (het)	самолет (м)	[samolét]
luchtvaartmaatschappij (de)	авиокомпания (ж)	[aviokompánija]
luchtverkeersleider (de)	авиодиспечер (м)	[aviodispétʃer]
vertrek (het)	излитане (с)	[izlítane]
aankomst (de)	кацане (с)	[kátsane]
aankomen (per vliegtuig)	кацна	[kátsna]
vertrektijd (de)	време (с) на излитане	[vréme na izlítane]
aankomstuur (het)	време (с) на кацане	[vréme na kátsane]
vertraagd zijn (ww)	закъснявам	[zakəsnʲávam]
vluchtvertraging (de)	закъснение (с) на излитане	[zakəsnénie na izlítane]
informatiebord (het)	информационно табло (с)	[informatsiónno tabló]
informatie (de)	информация (ж)	[informátsija]
aankondigen (ww)	обявявам	[obʲavʲávam]
vlucht (bijv. KLM ~)	рейс (м)	[rejs]
douane (de)	митница (ж)	[mítnitsa]

douanier (de)	митничар (м)	[mitnitʃár]
douaneaangifte (de)	декларация (ж)	[deklarátsija]
invullen (douaneaangifte ~)	попълня	[popélnʲa]
een douaneaangifte invullen	попълня декларация	[popélnʲa deklarátsija]
paspoortcontrole (de)	паспортен контрол (м)	[paspórten kontról]
bagage (de)	багаж (м)	[bagáʃ]
handbagage (de)	ръчен багаж (м)	[rétʃen bagáʃ]
bagagekarretje (het)	количка (ж)	[kolítʃka]
landing (de)	кацане (с)	[kátsane]
landingsbaan (de)	писта (ж) за кацане	[písta za kátsane]
landen (ww)	кацам	[kátsam]
vliegtuigtrap (de)	стълба (ж)	[stélba]
inchecken (het)	регистрация (ж)	[registrátsija]
incheckbalie (de)	гише (с) за регистрация	[giʃé za registrátsija]
inchecken (ww)	регистрирам се	[registríram se]
instapkaart (de)	бордна карта (ж)	[bórdna kárta]
gate (de)	излизане (с)	[izlízane]
transit (de)	транзит (м)	[tranzít]
wachten (ww)	чакам	[tʃákam]
wachtzaal (de)	чакалня (ж)	[tʃakálnʲa]
begeleiden (uitwuiven)	изпращам	[ispráʃtam]
afscheid nemen (ww)	сбогувам се	[sbogúvam se]

Gebeurtenissen in het leven

109. Vakanties. Evenement

feest (het)	празник (м)	[práznik]
nationale feestdag (de)	национален празник (м)	[natsionálen práznik]
feestdag (de)	празничен ден (м)	[práznitʃen den]
herdenken (ww)	празнувам	[praznúvam]
gebeurtenis (de)	събитие (с)	[sebítie]
evenement (het)	мероприятие (с)	[meroprijátie]
banket (het)	банкет (м)	[bankét]
receptie (de)	прием (м)	[príem]
feestmaal (het)	пир (м)	[pir]
verjaardag (de)	годишнина (ж)	[godíʃnina]
jubileum (het)	юбилей (м)	[jubiléj]
vieren (ww)	отбележа	[otbeléʒa]
Nieuwjaar (het)	Нова година (ж)	[nóva godína]
Gelukkig Nieuwjaar!	Честита нова година!	[tʃestíta nóva godína]
Kerstfeest (het)	Коледа	[kóleda]
Vrolijk kerstfeest!	Весела Коледа!	[vésela kóleda]
vuurwerk (het)	заря (ж)	[zarʲá]
bruiloft (de)	сватба (ж)	[svátba]
bruidegom (de)	годеник (м)	[godeník]
bruid (de)	годеница (ж)	[godenítsa]
uitnodigen (ww)	каня	[kánʲa]
uitnodigingskaart (de)	покана (ж)	[pokána]
gast (de)	гост (м)	[gost]
op bezoek gaan	отивам на гости	[otívam na gósti]
gasten verwelkomen	посрещам гости	[posréʃtam gósti]
geschenk, cadeau (het)	подарък (м)	[podárək]
geven (iets cadeau ~)	подарявам	[podarʲávam]
geschenken ontvangen	получавам подаръци	[polutʃávam podárətsi]
boeket (het)	букет (м)	[bukét]
felicitaties (mv.)	поздравление (с)	[pozdravlénie]
feliciteren (ww)	поздравявам	[pozdravʲávam]
wenskaart (de)	поздравителна картичка (ж)	[pozdravítelna kártitʃka]
een kaartje versturen	изпратя картичка	[isprátʲa kártitʃka]
een kaartje ontvangen	получа картичка	[polútʃa kártitʃka]
toast (de)	тост (м)	[tost]

| aanbieden (een drankje ~) | черпя | [tʃérpʲa] |
| champagne (de) | шампанско (с) | [ʃampánsko] |

plezier hebben (ww)	веселя се	[vesel'á se]
plezier (het)	веселба (ж)	[veselbá]
vreugde (de)	радост (ж)	[rádost]

| dans (de) | танц (м) | [tants] |
| dansen (ww) | танцувам | [tantsúvam] |

| wals (de) | валс (м) | [vals] |
| tango (de) | танго (с) | [tangó] |

110. Begrafenissen. Begrafenis

kerkhof (het)	гробища (мн)	[gróbiʃta]
graf (het)	гроб (м)	[grop]
kruis (het)	кръст (м)	[krəst]
grafsteen (de)	надгробен паметник (м)	[nadgróben pámetnik]
omheining (de)	ограда (ж)	[ográda]
kapel (de)	параклис (м)	[paráklis]

dood (de)	смърт (ж)	[smərt]
sterven (ww)	умра	[umrá]
overledene (de)	покойник (м)	[pokójnik]
rouw (de)	траур (м)	[tráur]

begraven (ww)	погребвам	[pogrébvam]
begrafenisonderneming (de)	погребални услуги (мн)	[pogrebálni uslúgi]
begrafenis (de)	погребение (с)	[pogrebénie]

krans (de)	венец (м)	[venéts]
doodskist (de)	ковчег (м)	[koftʃék]
lijkwagen (de)	катафалка (ж)	[katafálka]
lijkkleed (de)	саван (м)	[saván]

begrafenisstoet (de)	погребално шествие (с)	[pogrebálno ʃéstvie]
urn (de)	урна (ж)	[úrna]
crematorium (het)	крематориум (м)	[krematórium]

overlijdensbericht (het)	некролог (м)	[nekrolók]
huilen (wenen)	плача	[plátʃa]
snikken (huilen)	ридая	[ridája]

111. Oorlog. Soldaten

peloton (het)	взвод (м)	[vzvot]
compagnie (de)	рота (ж)	[róta]
regiment (het)	полк (м)	[polk]
leger (armee)	армия (ж)	[ármija]
divisie (de)	дивизия (ж)	[divízija]
sectie (de)	отряд (м)	[otrʲát]

troep (de) — войска (ж) — [vojská]
soldaat (militair) — войник (м) — [vojník]
officier (de) — офицер (м) — [ofitsér]

soldaat (rang) — редник (м) — [rédnik]
sergeant (de) — сержант (м) — [serʒánt]
luitenant (de) — лейтенант (м) — [lejtenánt]
kapitein (de) — капитан (м) — [kapitán]
majoor (de) — майор (м) — [majór]
kolonel (de) — полковник (м) — [polkóvnik]
generaal (de) — генерал (м) — [generál]

matroos (de) — моряк (м) — [morʲák]
kapitein (de) — капитан (м) — [kapitán]
bootsman (de) — боцман (м) — [bótsman]

artillerist (de) — артилерист (м) — [artileríst]
valschermjager (de) — десантчик (м) — [desánttʃik]
piloot (de) — летец (м) — [letéts]
stuurman (de) — щурман (м) — [ʃtúrman]
mecanicien (de) — механик (м) — [mehánik]

sappeur (de) — сапьор (м) — [sapʲór]
parachutist (de) — парашутист (м) — [paraʃutíst]
verkenner (de) — разузнавач (м) — [razuznavátʃ]
scherpschutter (de) — снайперист (м) — [snajperíst]

patrouille (de) — патрул (м) — [patrúl]
patrouilleren (ww) — патрулирам — [patrulíram]
wacht (de) — часови (м) — [tʃasoví]

krijger (de) — войник (м) — [vojník]
patriot (de) — патриот (м) — [patriót]
held (de) — герой (м) — [gerój]
heldin (de) — героиня (ж) — [geroínʲa]

verrader (de) — предател (м) — [predátel]
verraden (ww) — предавам — [predávam]

deserteur (de) — дезертьор (м) — [dezertʲór]
deserteren (ww) — дезертирам — [dezertíram]

huurling (de) — наемник (м) — [naémnik]
rekruut (de) — новобранец (м) — [novobránets]
vrijwilliger (de) — доброволец (м) — [dobrovólets]

gedode (de) — убит (м) — [ubít]
gewonde (de) — ранен (м) — [ranén]
krijgsgevangene (de) — пленник (м) — [plénnik]

112. Oorlog. Militaire acties. Deel 1

oorlog (de) — война (ж) — [vojná]
oorlog voeren (ww) — воювам — [vojúvam]

burgeroorlog (de)	гражданска война (ж)	[gráʒdanska vojná]
achterbaks (bw)	вероломно	[verolómno]
oorlogsverklaring (de)	обявяване (с)	[obʲavʲávane]
verklaren (de oorlog ~)	обявя	[obʲavʲá]
agressie (de)	агресия (ж)	[agrésija]
aanvallen (binnenvallen)	нападам	[napádam]
binnenvallen (ww)	завземам	[zavzémam]
invaller (de)	окупатор (м)	[okupátor]
veroveraar (de)	завоевател (м)	[zavoevátel]
verdediging (de)	отбрана (ж)	[otbrána]
verdedigen (je land ~)	отбранявам	[otbranʲávam]
zich verdedigen (ww)	отбранявам се	[otbranʲávam se]
vijand (de)	враг (м)	[vrak]
tegenstander (de)	противник (м)	[protívnik]
vijandelijk (bn)	вражески	[vráʒeski]
strategie (de)	стратегия (ж)	[stratégija]
tactiek (de)	тактика (ж)	[táktika]
order (de)	заповед (ж)	[zápovet]
bevel (het)	команда (ж)	[kománda]
bevelen (ww)	заповядвам	[zapovʲádvam]
opdracht (de)	задача (ж)	[zadátʃa]
geheim (bn)	секретен	[sekréten]
veldslag (de)	сражение (с)	[sraʒénie]
strijd (de)	бой (м)	[boj]
aanval (de)	атака (ж)	[atáka]
bestorming (de)	щурм (м)	[ʃturm]
bestormen (ww)	щурмувам	[ʃturmúvam]
bezetting (de)	обсада (ж)	[obsáda]
aanval (de)	настъпление (с)	[nastəplénie]
in het offensief te gaan	настъпвам	[nastə́pvam]
terugtrekking (de)	отстъпление (с)	[otstəplénie]
zich terugtrekken (ww)	отстъпвам	[otstə́pvam]
omsingeling (de)	обкръжение (с)	[opkrəʒénie]
omsingelen (ww)	обкръжавам	[opkrəʒávam]
bombardement (het)	бомбардиране (с)	[bombardírane]
een bom gooien	хвърлям бомба	[hvérlʲam bómba]
bombarderen (ww)	бомбардирам	[bombardíram]
ontploffing (de)	експлозия (ж)	[eksplózija]
schot (het)	изстрел (м)	[ísstrel]
een schot lossen	изстрелям	[isstrélʲam]
schieten (het)	стрелба (ж)	[strelbá]
mikken op (ww)	целя се	[tsélʲa se]
aanleggen (een wapen ~)	насоча	[nasótʃa]

treffen (doelwit ~)	улуча	[ulútʃa]
zinken (tot zinken brengen)	потопя	[potopʲá]
kogelgat (het)	дупка (ж)	[dúpka]
zinken (gezonken zijn)	потъвам	[potévam]
front (het)	фронт (м)	[front]
evacuatie (de)	евакуация (ж)	[evakuátsija]
evacueren (ww)	евакуирам	[evakuíram]
prikkeldraad (de)	бодлив тел (м)	[bodlív tel]
verdedigingsobstakel (het)	заграждение (с)	[zagraʒdénie]
wachttoren (de)	кула (ж)	[kúla]
hospitaal (het)	военна болница (ж)	[voénna bólnitsa]
verwonden (ww)	раня	[ranʲá]
wond (de)	рана (ж)	[rána]
gewonde (de)	ранен (м)	[ranén]
gewond raken (ww)	получа нараняване	[polútʃa naranʲávane]
ernstig (~e wond)	тежък	[téʒək]

113. Oorlog. Militaire acties. Deel 2

krijgsgevangenschap (de)	плен (м)	[plen]
krijgsgevangen nemen	пленявам	[plenʲávam]
krijgsgevangene zijn	намирам се в плен	[namíram se v plen]
krijgsgevangen genomen worden	попадна в плен	[popádna v plen]
concentratiekamp (het)	концлагер (м)	[kóntsláger]
krijgsgevangene (de)	пленник (м)	[plénnik]
vluchten (ww)	бягам	[bʲágam]
verraden (ww)	предам	[predám]
verrader (de)	предател (м)	[predátel]
verraad (het)	предателство (с)	[predátelstvo]
fusilleren (executeren)	разстрелям	[rasstrélʲam]
executie (de)	разстрелване (с)	[rasstrélvane]
uitrusting (de)	военна униформа (ж)	[voénna unifórma]
schouderstuk (het)	пагон (м)	[pagón]
gasmasker (het)	противогаз (м)	[protivogás]
portofoon (de)	радиостанция (ж)	[radiostántsija]
geheime code (de)	шифър (м)	[ʃífər]
samenzwering (de)	конспирация (ж)	[konspirátsija]
wachtwoord (het)	парола (ж)	[paróla]
mijn (landmijn)	мина (ж)	[mína]
ondermijnen (legden mijnen)	минирам	[miníram]
mijnenveld (het)	минно поле (с)	[mínno polé]
luchtalarm (het)	въздушна тревога (ж)	[vəzdúʃna trevóga]
alarm (het)	тревога (ж)	[trevóga]

signaal (het)	сигнал (м)	[signál]
vuurpijl (de)	сигнална ракета (ж)	[signálna rakéta]
staf (generale ~)	щаб (м)	[ʃtap]
verkenning (de)	разузнаване (с)	[razuznávane]
toestand (de)	обстановка (ж)	[opstanófka]
rapport (het)	рапорт (м)	[ráport]
hinderlaag (de)	засада (ж)	[zasáda]
versterking (de)	подкрепа (ж)	[potkrépa]
doel (bewegend ~)	мишена (ж)	[miʃéna]
proefterrein (het)	полигон (м)	[poligón]
manoeuvres (mv.)	маневри (м мн)	[manévri]
paniek (de)	паника (ж)	[pánika]
verwoesting (de)	разруха (ж)	[razrúha]
verwoestingen (mv.)	разрушения (с мн)	[razruʃénija]
verwoesten (ww)	разрушавам	[razruʃávam]
overleven (ww)	оцелея	[otseléja]
ontwapenen (ww)	обезоръжа	[obezorəʒá]
behandelen (een pistool ~)	служа си	[slúʒa si]
Geeft acht!	Мирно!	[mírno]
Op de plaats rust!	Свободно!	[svobódno]
heldendaad (de)	подвиг (м)	[pódvik]
eed (de)	клетва (ж)	[klétva]
zweren (een eed doen)	заклевам се	[zaklévam se]
decoratie (de)	награда (ж)	[nagráda]
onderscheiden	награждавам	[nagraʒdávam]
(een ereteken geven)		
medaille (de)	медал (м)	[medál]
orde (de)	орден (м)	[órden]
overwinning (de)	победа (ж)	[pobéda]
verlies (het)	поражение (с)	[poraʒénie]
wapenstilstand (de)	примирие (с)	[primírie]
wimpel (vaandel)	знаме (с)	[zname]
roem (de)	слава (ж)	[sláva]
parade (de)	парад (м)	[parát]
marcheren (ww)	марширувам	[marʃirúvam]

114. Wapens

wapens (mv.)	оръжие (с)	[oréʒie]
vuurwapens (mv.)	огнестрелно оръжие (с)	[ognestrélno oréʒie]
koude wapens (mv.)	хладно оръжие (с)	[hládno oréʒie]
chemische wapens (mv.)	химическо оръжие (с)	[himítʃesko oréʒie]
kern-, nucleair (bn)	ядрен	[jádren]
kernwapens (mv.)	ядрено оръжие (с)	[jádreno oréʒie]

bom (de)	бомба (ж)	[bómba]
atoombom (de)	атомна бомба (ж)	[átomna bómba]
pistool (het)	пистолет (м)	[pistolét]
geweer (het)	пушка (ж)	[púʃka]
machinepistool (het)	автомат (м)	[aftomát]
machinegeweer (het)	картечница (ж)	[kartétʃnitsa]
loop (schietbuis)	дуло (с)	[dúlo]
loop (bijv. geweer met kortere ~)	цев (м)	[tsev]
kaliber (het)	калибър (м)	[kalíbər]
trekker (de)	спусък (м)	[spúsək]
korrel (de)	мерник (м)	[mérnik]
magazijn (het)	магазин (м)	[magazín]
geweerkolf (de)	приклад (м)	[priklát]
granaat (handgranaat)	граната (ж)	[granáta]
explosieven (mv.)	експлозив (с)	[eksplozíf]
kogel (de)	куршум (м)	[kurʃúm]
patroon (de)	патрон (м)	[patrón]
lading (de)	заряд (м)	[zarʲát]
ammunitie (de)	боеприпаси (мн)	[boeprípasi]
bommenwerper (de)	бомбардировач (м)	[bombardirovátʃ]
straaljager (de)	изтребител (м)	[istrebítel]
helikopter (de)	хеликоптер (м)	[helikópter]
afweergeschut (het)	зенитно оръдие (с)	[zenítno orédie]
tank (de)	танк (м)	[tank]
kanon (tank met een ~ van 76 mm)	оръдие (с)	[orédie]
artillerie (de)	артилерия (ж)	[artilérija]
aanleggen (een wapen ~)	насоча	[nasótʃa]
projectiel (het)	снаряд (м)	[snarʲát]
mortiergranaat (de)	мина (ж)	[mína]
mortier (de)	миномет (м)	[minomét]
granaatscherf (de)	парче (с)	[partʃé]
duikboot (de)	подводница (ж)	[podvódnitsa]
torpedo (de)	торпедо (с)	[torpédo]
raket (de)	ракета (ж)	[rakéta]
laden (geweer, kanon)	зареждам	[zaréʒdam]
schieten (ww)	стрелям	[strélʲam]
richten op (mikken)	целя се в ...	[tsélʲa se v]
bajonet (de)	щик (м)	[ʃtik]
degen (de)	шпага (ж)	[ʃpága]
sabel (de)	сабя (ж)	[sábʲa]
speer (de)	копие (с)	[kópie]
boog (de)	лък (м)	[lək]

pijl (de)	стрела (ж)	[strelá]
musket (de)	мускет (м)	[muskét]
kruisboog (de)	арбалет (м)	[arbalét]

115. Oude mensen

primitief (bn)	първобитен	[pervobíten]
voorhistorisch (bn)	доисторически	[doistorítʃeski]
eeuwenoude (~ beschaving)	древен	[dréven]
Steentijd (de)	Каменен век (м)	[kámenen vek]
Bronstijd (de)	бронзова епоха (ж)	[brónzova epóha]
IJstijd (de)	ледникова епоха (ж)	[lédnikova epóha]
stam (de)	племе (с)	[pléme]
menseneter (de)	човекоядец (м)	[tʃovekojádets]
jager (de)	ловец (м)	[lovéts]
jagen (ww)	ловувам	[lovúvam]
mammoet (de)	мамут (м)	[mamút]
grot (de)	пещера (ж)	[peʃterá]
vuur (het)	огън (м)	[ógən]
kampvuur (het)	клада (ж)	[kláda]
rotstekening (de)	скална рисунка (ж)	[skálna risúnka]
werkinstrument (het)	оръдие (с) на труда	[orédie na trudá]
speer (de)	копие (с)	[kópie]
stenen bijl (de)	каменна брадва (ж)	[kámenna brádva]
oorlog voeren (ww)	воювам	[vojúvam]
temmen (bijv. wolf ~)	опитомявам	[opitomʲávam]
idool (het)	идол (м)	[ídol]
aanbidden (ww)	покланям се	[poklánʲam se]
bijgeloof (het)	суеверие (с)	[suevérie]
evolutie (de)	еволюция (ж)	[evolʲútsija]
ontwikkeling (de)	развитие (с)	[razvítie]
verdwijning (de)	изчезване (с)	[iztʃézvane]
zich aanpassen (ww)	приспособявам се	[prisposobʲávam se]
archeologie (de)	археология (ж)	[arheológija]
archeoloog (de)	археолог (м)	[arheolók]
archeologisch (bn)	археологически	[arheologítʃeski]
opgravingsplaats (de)	разкопки (мн)	[raskópki]
opgravingen (mv.)	разкопки (мн)	[raskópki]
vondst (de)	находка (ж)	[nahótka]
fragment (het)	фрагмент (м)	[fragmént]

116. Middeleeuwen

volk (het)	народ (м)	[narót]
volkeren (mv.)	народи (м мн)	[naródi]

stam (de)	племе (с)	[pléme]
stammen (mv.)	племена (с мн)	[plemená]
barbaren (mv.)	варвари (м мн)	[várvari]
Galliërs (mv.)	гали (м мн)	[gáli]
Goten (mv.)	готи (м мн)	[góti]
Slaven (mv.)	славяни (м мн)	[slavʲáni]
Vikings (mv.)	викинги (м мн)	[víkingi]
Romeinen (mv.)	римляни (м мн)	[rímlʲani]
Romeins (bn)	римски	[rímski]
Byzantijnen (mv.)	византийци (м мн)	[vizantíjtsi]
Byzantium (het)	Византия (ж)	[vizántija]
Byzantijns (bn)	византийски	[vizantíjski]
keizer (bijv. Romeinse ~)	император (м)	[imperátor]
opperhoofd (het)	вожд (м)	[voʒt]
machtig (bn)	могъщ	[mogéʃt]
koning (de)	крал (м)	[kral]
heerser (de)	владетел (м)	[vladétel]
ridder (de)	рицар (м)	[rítsar]
feodaal (de)	феодал (м)	[feodál]
feodaal (bn)	феодален	[feodálen]
vazal (de)	васал (м)	[vasál]
hertog (de)	херцог (м)	[hertsók]
graaf (de)	граф (м)	[graf]
baron (de)	барон (м)	[barón]
bisschop (de)	епископ (м)	[episkóp]
harnas (het)	доспехи (мн)	[dospéhi]
schild (het)	щит (м)	[ʃtit]
zwaard (het)	меч (м)	[metʃ]
vizier (het)	забрало (с)	[zabrálo]
maliënkolder (de)	ризница (ж)	[ríznitsa]
kruistocht (de)	кръстоносен поход (м)	[krəstonósen póhot]
kruisvaarder (de)	кръстоносец (м)	[krəstonósets]
gebied (bijv. bezette ~en)	територия (ж)	[teritórija]
aanvallen (binnenvallen)	нападам	[napádam]
veroveren (ww)	завоювам	[zavojúvam]
innemen (binnenvallen)	завзема	[zavzéma]
bezetting (de)	обсада (ж)	[obsáda]
belegerd (bn)	обсаден	[opsadén]
belegeren (ww)	обсаждам	[opsáʒdam]
inquisitie (de)	инквизиция (ж)	[inkvizítsija]
inquisiteur (de)	инквизитор (м)	[inkvizítor]
foltering (de)	измъчване (с)	[izmétʃvane]
wreed (bn)	жесток	[ʒestók]
ketter (de)	еретик (м)	[eretík]
ketterij (de)	ерес (ж)	[éres]

zeevaart (de)	мореплаване (c)	[moreplávane]
piraat (de)	пират (м)	[pirát]
piraterij (de)	пиратство (c)	[pirátstvo]
enteren (het)	абордаж (м)	[abordáʒ]
buit (de)	плячка (ж)	[plʲátʃka]
schatten (mv.)	съкровища (c мн)	[sekróviʃta]

ontdekking (de)	откритие (c)	[otkrítie]
ontdekken (bijv. nieuw land)	откривам	[otkrívam]
expeditie (de)	експедиция (ж)	[ekspedítsija]

musketier (de)	мускетар (м)	[musketár]
kardinaal (de)	кардинал (м)	[kardinál]
heraldiek (de)	хералдика (ж)	[heráldika]
heraldisch (bn)	хералдически	[heraldítʃeski]

117. Leider. Baas. Autoriteiten

koning (de)	крал (м)	[kral]
koningin (de)	кралица (ж)	[kralítsa]
koninklijk (bn)	кралски	[králski]
koninkrijk (het)	кралство (c)	[králstvo]

prins (de)	принц (м)	[prints]
prinses (de)	принцеса (ж)	[printsésa]

president (de)	президент (м)	[prezidént]
vicepresident (de)	вицепрезидент (м)	[vítse·prezidént]
senator (de)	сенатор (м)	[senátor]

monarch (de)	монарх (м)	[monárh]
heerser (de)	владетел (м)	[vladétel]
dictator (de)	диктатор (м)	[diktátor]
tiran (de)	тиранин (м)	[tiránin]
magnaat (de)	магнат (м)	[magnát]

directeur (de)	директор (м)	[diréktor]
chef (de)	шеф (м)	[ʃef]
beheerder (de)	управител (м)	[uprávitel]
baas (de)	бос (м)	[bos]
eigenaar (de)	собственик (м)	[sóbstvenik]

hoofd (bijv. ~ van de delegatie)	глава (ж)	[glavá]
autoriteiten (mv.)	власти (ж мн)	[vlásti]
superieuren (mv.)	началство (c)	[natʃálstvo]

gouverneur (de)	губернатор (м)	[gubernátor]
consul (de)	консул (м)	[kónsul]
diplomaat (de)	дипломат (м)	[diplomát]
burgemeester (de)	кмет (м)	[kmet]
sheriff (de)	шериф (м)	[ʃeríf]
keizer (bijv. Romeinse ~)	император (м)	[imperátor]
tsaar (de)	цар (м)	[tsar]

farao (de)   фараон (м)   [faraón]
kan (de)   хан (м)   [han]

118. De wet overtreden. Criminelen. Deel 1

bandiet (de)   бандит (м)   [bandít]
misdaad (de)   престъпление (с)   [prestəplénie]
misdadiger (de)   престъпник (м)   [prestépnik]

dief (de)   крадец (м)   [kradéts]
stelen (ww)   крада   [kradá]
stelen, diefstal (de)   кражба (ж)   [kráӡba]

kidnappen (ww)   отвлека   [otvleká]
kidnapping (de)   отвличане (с)   [otvlítʃane]
kidnapper (de)   похитител (м)   [pohitítel]

losgeld (het)   откуп (м)   [ótkup]
eisen losgeld (ww)   искам откуп   [ískam ótkup]

overvallen (ww)   грабя   [gráb^ja]
overvaller (de)   грабител (м)   [grabítel]

afpersen (ww)   изнудвам   [iznúdvam]
afperser (de)   изнудвач (м)   [iznudvátʃ]
afpersing (de)   изнудване (с)   [iznúdvane]

vermoorden (ww)   убия   [ubíja]
moord (de)   убийство (с)   [ubíjstvo]
moordenaar (de)   убиец (м)   [ubíets]

schot (het)   изстрел (м)   [ísstrel]
een schot lossen   изстрелям   [isstrél^jam]
neerschieten (ww)   застрелям   [zastrél^jam]
schieten (ww)   стрелям   [strél^jam]
schieten (het)   стрелба (ж)   [strelbá]

ongeluk (gevecht, enz.)   произшествие (с)   [proisʃéstvie]
gevecht (het)   сбиване (с)   [zbívane]
Help!   Помогнете!   [pomognéte]
slachtoffer (het)   жертва (ж)   [ӡértva]

beschadigen (ww)   повредя   [povred^já]
schade (de)   щета (ж)   [ʃtetá]
lijk (het)   труп (м)   [trup]
zwaar (~ misdrijf)   тежък   [téӡək]

aanvallen (ww)   нападна   [napádna]
slaan (iemand ~)   бия   [bíja]
in elkaar slaan (toetakelen)   набия   [nabíja]
ontnemen (beroven)   отнема   [otnéma]
steken (met een mes)   заколя   [zakól^ja]
verminken (ww)   осакатя   [osakat^já]
verwonden (ww)   раня   [ran^já]

chantage (de)	шантаж (м)	[ʃantáʒ]
chanteren (ww)	шантажирам	[ʃantaʒíram]
chanteur (de)	шантажист (м)	[ʃantaʒíst]
afpersing (de)	рекет (м)	[réket]
afperser (de)	рекетьор (м)	[reketʲór]
gangster (de)	гангстер (м)	[gángster]
maffia (de)	мафия (ж)	[máfija]
kruimeldief (de)	джебчия (м)	[dʒebtʃíja]
inbreker (de)	разбивач (м) на врати	[razbiváʧ na vratí]
smokkelen (het)	контрабанда (ж)	[kontrabánda]
smokkelaar (de)	контрабандист (м)	[kontrabandíst]
namaak (de)	фалшификат (м)	[falʃifikát]
namaken (ww)	фалшифицирам	[falʃifitsíram]
namaak-, vals (bn)	фалшив	[falʃív]

119. De wet overtreden. Criminelen. Deel 2

verkrachting (de)	изнасилване (с)	[iznasílvane]
verkrachten (ww)	изнасиля	[iznasílʲa]
verkrachter (de)	насилник (м)	[nasílnik]
maniak (de)	маниак (м)	[maniák]
prostituee (de)	проститутка (ж)	[prostitútka]
prostitutie (de)	проституция (ж)	[prostitútsija]
pooier (de)	сутеньор (м)	[sutenʲór]
drugsverslaafde (de)	наркоман (м)	[narkomán]
drugshandelaar (de)	наркотрафикант (м)	[narkotrafikánt]
opblazen (ww)	взривя	[vzrivʲá]
explosie (de)	експлозия (ж)	[eksplózija]
in brand steken (ww)	подпаля	[podpálʲa]
brandstichter (de)	подпалвач (м)	[podpalváʧ]
terrorisme (het)	тероризъм (м)	[terorízəm]
terrorist (de)	терорист (м)	[teroríst]
gijzelaar (de)	заложник (м)	[zalóʒnik]
bedriegen (ww)	измамя	[izmámʲa]
bedrog (het)	измама (ж)	[izmáma]
oplichter (de)	мошеник (м)	[moʃénik]
omkopen (ww)	подкупя	[podkúpʲa]
omkoperij (de)	подкуп (м)	[pótkup]
smeergeld (het)	рушвет (м)	[ruʃvét]
vergif (het)	отрова (ж)	[otróva]
vergiftigen (ww)	отровя	[otróvʲa]
vergif innemen (ww)	отровя се	[otróvʲa se]
zelfmoord (de)	самоубийство (с)	[samoubíjstvo]
zelfmoordenaar (de)	самоубиец (м)	[samoubíets]

bedreigen (bijv. met een pistool)	заплашвам	[zapláʃvam]
bedreiging (de)	заплаха (ж)	[zapláha]
een aanslag plegen	покушавам се	[pokuʃávam se]
aanslag (de)	покушение (с)	[pokuʃénie]
stelen (een auto)	открадна	[otkrádna]
kapen (een vliegtuig)	отвлека	[otvleká]
wraak (de)	отмъщение (с)	[otməʃténie]
wreken (ww)	отмъщавам	[otməʃtávam]
martelen (gevangenen)	изтезавам	[istezávam]
foltering (de)	измъчване (с)	[izmə́tʃvane]
folteren (ww)	измъчвам	[izmə́tʃvam]
piraat (de)	пират (м)	[pirát]
straatschender (de)	хулиган (м)	[huligán]
gewapend (bn)	въоръжен	[vəorəʒén]
geweld (het)	насилие (с)	[nasílie]
onwettig (strafbaar)	незаконен	[nezakónen]
spionage (de)	шпионаж (м)	[ʃpionáʒ]
spioneren (ww)	шпионирам	[ʃpioníram]

120. Politie. Wet. Deel 1

justitie (de)	правосъдие (с)	[pravosédie]
gerechtshof (het)	съд (м)	[sət]
rechter (de)	съдия (м)	[sədijá]
jury (de)	съдебни заседатели (м мн)	[sədébni zasedáteli]
juryrechtspraak (de)	съд (м) със съдебни заседатели	[sət səs sədébni zasedáteli]
berechten (ww)	съдя	[sédʲa]
advocaat (de)	адвокат (м)	[advokát]
beklaagde (de)	подсъдим (м)	[potsədím]
beklaagdenbank (de)	подсъдима скамейка (ж)	[potsədíma skaméjka]
beschuldiging (de)	обвинение (с)	[obvinénie]
beschuldigde (de)	обвиняем (м)	[obvinʲáem]
vonnis (het)	присъда (ж)	[priséda]
veroordelen (in een rechtszaak)	осъдя	[osédʲa]
schuldige (de)	виновник (м)	[vinóvnik]
straffen (ww)	накажа	[nakáʒa]
bestraffing (de)	наказание (с)	[nakazánie]
boete (de)	глоба (ж)	[glóba]
levenslange opsluiting (de)	доживотен затвор (м)	[doʒivóten zatvór]
doodstraf (de)	смъртно наказание (с)	[smɘ́rtno nakazánie]

elektrische stoel (de)	електрически стол (м)	[elektrítʃeski stol]
schavot (het)	бесилка (ж)	[besílka]
executeren (ww)	екзекутирам	[ekzekutíram]
executie (de)	екзекуция (ж)	[ekzekútsija]
gevangenis (de)	затвор (м)	[zatvór]
cel (de)	килия (ж)	[kilíja]
konvooi (het)	караул (м)	[karaúl]
gevangenisbewaker (de)	надзирател (м)	[nadzirátel]
gedetineerde (de)	затворник (м)	[zatvórnik]
handboeien (mv.)	белезници (мн)	[beleznítsi]
handboeien omdoen	сложа белезници	[slóʒa beleznítsi]
ontsnapping (de)	бягство (с)	[bʲákstvo]
ontsnappen (ww)	избягам	[izbʲágam]
verdwijnen (ww)	изчезна	[iztʃézna]
vrijlaten (uit de gevangenis)	освободя	[osvobodʲá]
amnestie (de)	амнистия (ж)	[amnístija]
politie (de)	полиция (ж)	[polítsija]
politieagent (de)	полицай (м)	[politsáj]
politiebureau (het)	полицейско управление (с)	[politséjsko upravlénie]
knuppel (de)	палка (ж)	[pálka]
megafoon (de)	рупор (м)	[rúpor]
patrouilleerwagen (de)	патрулка (ж)	[patrúlka]
sirene (de)	сирена (ж)	[siréna]
de sirene aansteken	включа сирена	[fklʲútʃa siréna]
geloei (het) van de sirene	звук (м) на сирена	[zvuk na siréna]
plaats delict (de)	място (с) на произшествието	[mʲásto na proisʃéstvieto]
getuige (de)	свидетел (м)	[svidétel]
vrijheid (de)	свобода (ж)	[svobodá]
handlanger (de)	съучастник (м)	[səutʃásnik]
ontvluchten (ww)	скрия се	[skríja sé]
spoor (het)	следа (ж)	[sledá]

121. Politie. Wet. Deel 2

opsporing (de)	издирване (с)	[izdírvane]
opsporen (ww)	издирвам	[izdírvam]
verdenking (de)	подозрение (с)	[podozrénie]
verdacht (bn)	подозрителен	[podozrítelen]
aanhouden (stoppen)	спра	[spra]
tegenhouden (ww)	задържа	[zadərʒá]
strafzaak (de)	дело (с)	[délo]
onderzoek (het)	следствие (с)	[slétstvie]
detective (de)	детектив (м)	[detektíf]

onderzoeksrechter (de)	следовател (м)	[sledovátel]
versie (de)	версия (ж)	[vérsija]
motief (het)	мотив (м)	[motív]
verhoor (het)	разпит (м)	[ráspit]
ondervragen (door de politie)	разпитвам	[raspítvam]
ondervragen (omstanders ~)	разпитвам	[raspítvam]
controle (de)	проверка (ж)	[provérka]
razzia (de)	хайка (ж)	[hájka]
huiszoeking (de)	обиск (м)	[óbisk]
achtervolging (de)	преследване (с)	[preslédvane]
achtervolgen (ww)	преследвам	[preslédvam]
opsporen (ww)	следя	[sledʲá]
arrest (het)	арест (м)	[árest]
arresteren (ww)	арестувам	[arestúvam]
vangen, aanhouden (een dief, enz.)	заловя	[zalovʲá]
aanhouding (de)	залавяне (с)	[zalávʲane]
document (het)	документ (м)	[dokumént]
bewijs (het)	доказателство (с)	[dokazátelstvo]
bewijzen (ww)	доказвам	[dokázvam]
voetspoor (het)	следа (ж)	[sledá]
vingerafdrukken (mv.)	отпечатъци (м мн) на пръстите	[otpetʃátətsi na préstite]
bewijs (het)	улика (ж)	[úlika]
alibi (het)	алиби (с)	[alíbi]
onschuldig (bn)	невиновен	[nevinóven]
onrecht (het)	несправедливост (ж)	[nespravedlívost]
onrechtvaardig (bn)	несправедлив	[nespravedlív]
crimineel (bn)	криминален	[kriminálen]
confisqueren (in beslag nemen)	конфискувам	[konfiskúvam]
drug (de)	наркотик (м)	[narkotík]
wapen (het)	оръжие (с)	[oréʒie]
ontwapenen (ww)	обезоръжа	[obezoreʒá]
bevelen (ww)	заповядвам	[zapovʲádvam]
verdwijnen (ww)	изчезна	[iztʃézna]
wet (de)	закон (м)	[zakón]
wettelijk (bn)	законен	[zakónen]
onwettelijk (bn)	незаконен	[nezakónen]
verantwoordelijkheid (de)	отговорност (ж)	[otgovórnost]
verantwoordelijk (bn)	отговорен	[otgovóren]

NATUUR

De Aarde. Deel 1

122. De kosmische ruimte

kosmos (de)	космос (м)	[kósmos]
kosmisch (bn)	космически	[kosmítʃeski]
kosmische ruimte (de)	космическо пространство (с)	[kosmítʃesko prostránstvo]
wereld (de)	свят (м)	[svʲat]
heelal (het)	вселена (ж)	[fseléna]
sterrenstelsel (het)	галактика (ж)	[galáktika]
ster (de)	звезда (ж)	[zvezdá]
sterrenbeeld (het)	съзвездие (с)	[səzvézdie]
planeet (de)	планета (ж)	[planéta]
satelliet (de)	спътник (м)	[spə́tnik]
meteoriet (de)	метеорит (м)	[meteorít]
komeet (de)	комета (ж)	[kométa]
asteroïde (de)	астероид (м)	[asteroít]
baan (de)	орбита (ж)	[órbita]
draaien (om de zon, enz.)	въртя се	[vərtʲá se]
atmosfeer (de)	атмосфера (ж)	[atmosféra]
Zon (de)	Слънце	[sléntse]
zonnestelsel (het)	Слънчева система (ж)	[sléntʃeva sistéma]
zonsverduistering (de)	слънчево затъмнение (с)	[sléntʃevo zatəmnénie]
Aarde (de)	Земя	[zemʲá]
Maan (de)	Луна	[luná]
Mars (de)	Марс	[mars]
Venus (de)	Венера	[venéra]
Jupiter (de)	Юпитер	[júpiter]
Saturnus (de)	Сатурн	[satúrn]
Mercurius (de)	Меркурий	[merkúrij]
Uranus (de)	Уран	[urán]
Neptunus (de)	Нептун	[neptún]
Pluto (de)	Плутон	[plutón]
Melkweg (de)	Млечен Път	[mlétʃen pət]
Grote Beer (de)	Голяма Мечка	[golʲáma métʃka]
Poolster (de)	Полярна Звезда	[polʲárna zvezdá]
marsmannetje (het)	марсианец (м)	[marsiánets]

buitenaards wezen (het)	извънземен (м)	[izvənzémen]
bovenaards (het)	пришелец (м)	[priʃeléts]
vliegende schotel (de)	летяща чиния (ж)	[letʲáʃta tʃiníja]
ruimtevaartuig (het)	космически кораб (м)	[kosmítʃeski kórap]
ruimtestation (het)	орбитална станция (ж)	[orbitálna stántsija]
start (de)	старт (м)	[start]
motor (de)	двигател (м)	[dvigátel]
straalpijp (de)	дюза (ж)	[dʲúza]
brandstof (de)	гориво (с)	[gorívo]
cabine (de)	кабина (ж)	[kabína]
antenne (de)	антена (ж)	[anténa]
patrijspoort (de)	илюминатор (м)	[ilʲuminátor]
zonnebatterij (de)	слънчева батерия (ж)	[sléntʃeva batérija]
ruimtepak (het)	скафандър (м)	[skafándər]
gewichtloosheid (de)	безтегловност (ж)	[besteglóvnost]
zuurstof (de)	кислород (м)	[kislorót]
koppeling (de)	свързване (с)	[svǿrzvane]
koppeling maken	свързвам се	[svǿrzvam se]
observatorium (het)	обсерватория (ж)	[opservatórija]
telescoop (de)	телескоп (м)	[teleskóp]
waarnemen (ww)	наблюдавам	[nablʲudávam]
exploreren (ww)	изследвам	[isslédvam]

123. De Aarde

Aarde (de)	Земя (ж)	[zemʲá]
aardbol (de)	земно кълбо (с)	[zémno kəlbó]
planeet (de)	планета (ж)	[planéta]
atmosfeer (de)	атмосфера (ж)	[atmosféra]
aardrijkskunde (de)	география (ж)	[geográfija]
natuur (de)	природа (ж)	[priróda]
wereldbol (de)	глобус (м)	[glóbus]
kaart (de)	карта (ж)	[kárta]
atlas (de)	атлас (м)	[atlás]
Europa (het)	Европа	[evrópa]
Azië (het)	Азия	[ázija]
Afrika (het)	Африка	[áfrika]
Australië (het)	Австралия	[afstrálija]
Amerika (het)	Америка	[amérika]
Noord-Amerika (het)	Северна Америка	[séverna amérika]
Zuid-Amerika (het)	Южна Америка	[júʒna amérika]
Antarctica (het)	Антарктида	[antarktída]
Arctis (de)	Арктика	[árktika]

124. Windrichtingen

noorden (het)	север (м)	[séver]
naar het noorden	на север	[na séver]
in het noorden	на север	[na séver]
noordelijk (bn)	северен	[séveren]

zuiden (het)	юг (м)	[juk]
naar het zuiden	на юг	[na juk]
in het zuiden	на юг	[na juk]
zuidelijk (bn)	южен	[júʒen]

westen (het)	запад (м)	[zápat]
naar het westen	на запад	[na zápat]
in het westen	на запад	[na zápat]
westelijk (bn)	западен	[západen]

oosten (het)	изток (м)	[ístok]
naar het oosten	на изток	[na ístok]
in het oosten	на изток	[na ístok]
oostelijk (bn)	източен	[ístotʃen]

125. Zee. Oceaan

zee (de)	море (с)	[moré]
oceaan (de)	океан (м)	[okeán]
golf (baai)	залив (м)	[zálif]
straat (de)	пролив (м)	[próliv]

continent (het)	материк (м)	[materík]
eiland (het)	остров (м)	[óstrov]
schiereiland (het)	полуостров (м)	[poluóstrov]
archipel (de)	архипелаг (м)	[arhipelák]

baai, bocht (de)	залив (м)	[zálif]
haven (de)	залив (м)	[zálif]
lagune (de)	лагуна (ж)	[lagúna]
kaap (de)	нос (м)	[nos]

atol (de)	атол (м)	[atól]
rif (het)	риф (м)	[rif]
koraal (het)	корал (м)	[korál]
koraalrif (het)	коралов риф (м)	[korálov rif]

diep (bn)	дълбок	[dəlbók]
diepte (de)	дълбочина (ж)	[dəlbotʃiná]
diepzee (de)	бездна (ж)	[bézna]
trog (bijv. Marianentrog)	падина (ж)	[padiná]

stroming (de)	течение (с)	[tetʃénie]
omspoelen (ww)	мия	[míja]
oever (de)	бряг (м)	[br'ak]
kust (de)	крайбрежие (с)	[krajbréʒie]

vloed (de)	прилив (м)	[príliv]
eb (de)	отлив (м)	[ótliv]
ondiepte (ondiep water)	плитчина (ж)	[plittʃiná]
bodem (de)	дъно (с)	[déno]
golf (hoge ~)	вълна (ж)	[vəlná]
golfkam (de)	гребен (м) на вълна	[grében na vəlná]
schuim (het)	пяна (ж)	[pʲána]
orkaan (de)	ураган (м)	[uragán]
tsunami (de)	цунами (с)	[tsunámi]
windstilte (de)	безветрие (с)	[bezvétrie]
kalm (bijv. ~e zee)	спокоен	[spokóen]
pool (de)	полюс (м)	[pólʲus]
polair (bn)	полярен	[polʲáren]
breedtegraad (de)	ширина (ж)	[ʃiriná]
lengtegraad (de)	дължина (ж)	[dəʤiná]
parallel (de)	паралел (ж)	[paralél]
evenaar (de)	екватор (м)	[ekvátor]
hemel (de)	небе (с)	[nebé]
horizon (de)	хоризонт (м)	[horizónt]
lucht (de)	въздух (м)	[vézduh]
vuurtoren (de)	фар (м)	[far]
duiken (ww)	гмуркам се	[gmúrkam se]
zinken (ov. een boot)	потъна	[poténa]
schatten (mv.)	съкровища (с мн)	[səkróviʃta]

126. Namen van zeeën en oceanen

Atlantische Oceaan (de)	Атлантически океан	[atlantítʃeski okeán]
Indische Oceaan (de)	Индийски океан	[indíjski okeán]
Stille Oceaan (de)	Тихи океан	[tíhi okeán]
Noordelijke IJszee (de)	Северен Ледовит океан	[séveren ledovít okeán]
Zwarte Zee (de)	Черно море	[tʃérno moré]
Rode Zee (de)	Червено море	[tʃervéno moré]
Gele Zee (de)	Жълто море	[ʒélto moré]
Witte Zee (de)	Бяло море	[bʲálo moré]
Kaspische Zee (de)	Каспийско море	[káspijsko moré]
Dode Zee (de)	Мъртво море	[mértvo moré]
Middellandse Zee (de)	Средиземно море	[sredizémno moré]
Egeïsche Zee (de)	Егейско море	[egéjsko moré]
Adriatische Zee (de)	Адриатическо море	[adriatítʃesko moré]
Arabische Zee (de)	Арабско море	[arápsko moré]
Japanse Zee (de)	Японско море	[japónsko moré]
Beringzee (de)	Берингово море	[berínɡovo moré]
Zuid-Chinese Zee (de)	Южнокитайско море	[juʒnokitájsko moré]

Koraalzee (de)	Кораловo мope	[korálovo moré]
Tasmanzee (de)	Тасманово мope	[tasmánovo moré]
Caribische Zee (de)	Карибско мope	[karíbsko moré]

| Barentszzee (de) | Баренцово мope | [baréntsovo moré] |
| Karische Zee (de) | Карско мope | [kársko moré] |

Noordzee (de)	Северно мope	[séverno moré]
Baltische Zee (de)	Балтийско мope	[baltíjsko moré]
Noorse Zee (de)	Норвежко мope	[norvéʃko moré]

127. Bergen

berg (de)	планина (ж)	[planiná]
bergketen (de)	планинска верига (ж)	[planínska veríga]
gebergte (het)	планински хребет (м)	[planínski hrebét]

bergtop (de)	връх (м)	[vrəh]
bergpiek (de)	пик (м)	[pik]
voet (ov. de berg)	подножие (с)	[podnóʒie]
helling (de)	склон (м)	[sklon]

vulkaan (de)	вулкан (м)	[vulkán]
actieve vulkaan (de)	действащ вулкан (м)	[déjstvaʃt vulkán]
uitgedoofde vulkaan (de)	изгаснал вулкан (м)	[izgásnal vulkán]

uitbarsting (de)	изригване (с)	[izrígvane]
krater (de)	кратер (м)	[kráter]
magma (het)	магма (ж)	[mágma]
lava (de)	лава (ж)	[láva]
gloeiend (~e lava)	нажежен	[naʒeʒén]
kloof (canyon)	каньон (м)	[kanjón]
bergkloof (de)	дефиле (с)	[defilé]
spleet (de)	тясна клисура (ж)	[tʲásna klisúra]
afgrond (de)	пропаст (ж)	[própast]

bergpas (de)	превал (м)	[prevál]
plateau (het)	плато (с)	[pláto]
klip (de)	скала (ж)	[skalá]
heuvel (de)	хълм (м)	[həlm]

gletsjer (de)	ледник (м)	[lédnik]
waterval (de)	водопад (м)	[vodopát]
geiser (de)	гейзер (м)	[géjzer]
meer (het)	езеро (с)	[ézero]

vlakte (de)	равнина (ж)	[ravniná]
landschap (het)	пейзаж (м)	[pejzáʒ]
echo (de)	ехо (с)	[ého]

alpinist (de)	алпинист (м)	[alpinist]
bergbeklimmer (de)	катерач (м)	[kateráʧ]
trotseren (berg ~)	покорявам	[pokorʲávam]
beklimming (de)	възкачване (с)	[vəskáʧvane]

128. Bergen namen

Alpen (de)	Алпи	[álpi]
Mont Blanc (de)	Мон Блан	[mon blan]
Pyreneeën (de)	Пиринеи	[pirinéi]
Karpaten (de)	Карпати	[karpáti]
Oeralgebergte (het)	Урал	[urál]
Kaukasus (de)	Кавказ	[kafkáz]
Elbroes (de)	Елбрус	[elbrús]
Altaj (de)	Алтай	[altáj]
Tiensjan (de)	Тяншан	[tʲanʃan]
Pamir (de)	Памир	[pamír]
Himalaya (de)	Хималаи	[himalái]
Everest (de)	Еверест	[everést]
Andes (de)	Анди	[ándi]
Kilimanjaro (de)	Килиманджаро	[kilimandʒáro]

129. Rivieren

rivier (de)	река (ж)	[reká]
bron (~ van een rivier)	извор (м)	[ízvor]
rivierbedding (de)	корито (с)	[koríto]
rivierbekken (het)	басейн (м)	[baséjn]
uitmonden in ...	вливам се	[vlívam se]
zijrivier (de)	приток (м)	[prítok]
oever (de)	бряг (м)	[brʲak]
stroming (de)	течение (с)	[tetʃénie]
stroomafwaarts (bw)	надолу по течението	[nadólu po tetʃénieto]
stroomopwaarts (bw)	нагоре по течението	[nagóre po tetʃénieto]
overstroming (de)	наводнение (с)	[navodnénie]
overstroming (de)	пролетно пълноводие (с)	[prolétno pəlnovódie]
buiten zijn oevers treden	разливам се	[razlívam se]
overstromen (ww)	потопявам	[potopʲávam]
zandbank (de)	плитчина (ж)	[plittʃiná]
stroomversnelling (de)	праг (м)	[prak]
dam (de)	яз (м)	[jaz]
kanaal (het)	канал (м)	[kanál]
spaarbekken (het)	водохранилище (с)	[vodohraníliʃte]
sluis (de)	шлюз (м)	[ʃlʲuz]
waterlichaam (het)	водоем (м)	[vodoém]
moeras (het)	блато (с)	[bláto]
broek (het)	тресавище (с)	[tresáviʃte]
draaikolk (de)	водовъртеж (м)	[vodovərtéʒ]
stroom (de)	ручей (м)	[rútʃej]

drink- (abn)	питеен	[pitéen]
zoet (~ water)	сладководен	[slatkovóden]
ijs (het)	лед (м)	[let]
bevriezen (rivier, enz.)	замръзна	[zamrézna]

130. Namen van rivieren

Seine (de)	Сена	[séna]
Loire (de)	Лоара	[loára]
Theems (de)	Темза	[témza]
Rijn (de)	Рейн	[rejn]
Donau (de)	Дунав	[dúnav]
Wolga (de)	Волга	[vólga]
Don (de)	Дон	[don]
Lena (de)	Лена	[léna]
Gele Rivier (de)	Хуанхъ	[huanhé]
Blauwe Rivier (de)	Яндзъ	[jandzé]
Mekong (de)	Меконг	[mekónk]
Ganges (de)	Ганг	[gang]
Nijl (de)	Нил	[nil]
Kongo (de)	Конго	[kóngo]
Okavango (de)	Окаванго	[okavángo]
Zambezi (de)	Замбези	[zambézi]
Limpopo (de)	Лимпопо	[limpopó]
Mississippi (de)	Мисисипи	[misisípi]

131. Bos

bos (het)	гора (ж)	[gorá]
bos- (abn)	горски	[górski]
oerwoud (dicht bos)	гъсталак (м)	[gəstalák]
bosje (klein bos)	горичка (ж)	[gorítʃka]
open plek (de)	поляна (ж)	[polʲána]
struikgewas (het)	гъсталак (м)	[gəstalák]
struiken (mv.)	храсталак (м)	[hrastalák]
paadje (het)	пътечка (ж)	[pətétʃka]
ravijn (het)	овраг (м)	[ovrák]
boom (de)	дърво (с)	[dərvó]
blad (het)	лист (м)	[list]
gebladerte (het)	шума (ж)	[ʃúma]
vallende bladeren (mv.)	листопад (м)	[listopát]
vallen (ov. de bladeren)	опадвам	[opádvam]

boomtop (de)	връх (м)	[vrəh]
tak (de)	клонка (м)	[klónka]
ent (de)	дебел клон (м)	[debél klon]
knop (de)	пъпка (ж)	[pəpka]
naald (de)	игла (ж)	[iglá]
dennenappel (de)	шишарка (ж)	[ʃiʃárka]
boom holte (de)	хралупа (ж)	[hralúpa]
nest (het)	гнездо (с)	[gnezdó]
hol (het)	дупка (ж)	[dúpka]
stam (de)	стъбло (с)	[stəbló]
wortel (bijv. boom~s)	корен (м)	[kóren]
schors (de)	кора (ж)	[korá]
mos (het)	мъх (м)	[məh]
ontwortelen (een boom)	изкоренявам	[izkorenʲávam]
kappen (een boom ~)	сека	[seká]
ontbossen (ww)	изсичам	[issítʃam]
stronk (de)	пън (м)	[pən]
kampvuur (het)	клада (ж)	[kláda]
bosbrand (de)	пожар (м)	[poʒár]
blussen (ww)	загасявам	[zagasʲávam]
boswachter (de)	горски пазач (м)	[górski pazátʃ]
bescherming (de)	опазване (с)	[opázvane]
beschermen (bijv. de natuur ~)	опазвам	[opázvam]
stroper (de)	бракониер (м)	[brakoniér]
val (de)	капан (м)	[kapán]
plukken (vruchten, enz.)	събирам	[səbíram]
verdwalen (de weg kwijt zijn)	загубя се	[zagúbʲa se]

132. Natuurlijke hulpbronnen

natuurlijke rijkdommen (mv.)	природни ресурси (м мн)	[priródni resúrsi]
delfstoffen (mv.)	полезни изкопаеми (с мн)	[polézni iskopáemi]
lagen (mv.)	залежи (мн)	[záleʒi]
veld (bijv. olie~)	находище (с)	[nahódiʃte]
winnen (uit erts ~)	добивам	[dobívam]
winning (de)	добиване (с)	[dobívane]
erts (het)	руда (ж)	[rudá]
mijn (bijv. kolenmijn)	рудник (м)	[rúdnik]
mijnschacht (de)	шахта (ж)	[ʃáhta]
mijnwerker (de)	миньор (м)	[minʲór]
gas (het)	газ (м)	[gas]
gasleiding (de)	газопровод (м)	[gazoprovót]
olie (aardolie)	нефт (м)	[neft]
olieleiding (de)	нефтопровод (м)	[neftoprovót]

oliebron (de)	нефтена кула (ж)	[néftena kúla]
boortoren (de)	сондажна кула (ж)	[sondáʒna kúla]
tanker (de)	танкер (м)	[tánker]

zand (het)	пясък (м)	[pʲásək]
kalksteen (de)	варовик (м)	[varóvik]
grind (het)	дребен чакъл (м)	[drében tʃakél]
veen (het)	торф (м)	[torf]
klei (de)	глина (ж)	[glína]
steenkool (de)	въглища (мн)	[véglíʃta]

ijzer (het)	желязо (с)	[ʒelʲázo]
goud (het)	злато (с)	[zláto]
zilver (het)	сребро (с)	[srebró]
nikkel (het)	никел (м)	[níkel]
koper (het)	мед (ж)	[met]

zink (het)	цинк (м)	[tsink]
mangaan (het)	манган (м)	[mangán]
kwik (het)	живак (м)	[ʒivák]
lood (het)	олово (с)	[olóvo]

mineraal (het)	минерал (м)	[minerál]
kristal (het)	кристал (м)	[kristál]
marmer (het)	мрамор (м)	[mrámor]
uraan (het)	уран (м)	[urán]

De Aarde. Deel 2

133. Weer

weer (het)	време (с)	[vréme]
weersvoorspelling (de)	прогноза (ж) за времето	[prognóza za vrémeto]
temperatuur (de)	температура (ж)	[temperatúra]
thermometer (de)	термометър (м)	[termométər]
barometer (de)	барометър (м)	[barométər]
vochtig (bn)	влажен	[vláʒen]
vochtigheid (de)	влажност (ж)	[vláʒnost]
hitte (de)	пек (м)	[pek]
heet (bn)	горещ	[goréʃt]
het is heet	горещо	[goréʃto]
het is warm	топло	[tóplo]
warm (bn)	топъл	[tópəl]
het is koud	студено	[studéno]
koud (bn)	студен	[studén]
zon (de)	слънце (с)	[sléntse]
schijnen (de zon)	грея	[gréja]
zonnig (~e dag)	слънчев	[sléntʃev]
opgaan (ov. de zon)	изгрея	[izgréja]
ondergaan (ww)	заляза	[zalʲáza]
wolk (de)	облак (м)	[óblak]
bewolkt (bn)	облачен	[óblatʃen]
regenwolk (de)	голям облак (м)	[golʲám óblak]
somber (bn)	навъсен	[navésen]
regen (de)	дъжд (м)	[dəʒt]
het regent	вали дъжд	[valí dəʒt]
regenachtig (bn)	дъждовен	[dəʒdóven]
motregenen (ww)	ръмя	[rəmʲá]
plensbui (de)	пороен дъжд (м)	[poróen dəʒt]
stortbui (de)	порой (м)	[porój]
hard (bn)	силен	[sílen]
plas (de)	локва (ж)	[lókva]
nat worden (ww)	намокря се	[namókrʲa se]
mist (de)	мъгла (ж)	[məglá]
mistig (bn)	мъглив	[məglíf]
sneeuw (de)	сняг (м)	[snʲak]
het sneeuwt	вали сняг	[valí snʲak]

134. Zwaar weer. Natuurrampen

noodweer (storm)	гръмотевична буря (ж)	[grəmotévitʃna búrʲa]
bliksem (de)	мълния (ж)	[mélnija]
flitsen (ww)	блясвам	[blʲásvam]
donder (de)	гръм (м)	[grəm]
donderen (ww)	гърмя	[gərmʲá]
het dondert	гърми	[gərmí]
hagel (de)	градушка (ж)	[gradúʃka]
het hagelt	пада градушка	[páda gradúʃka]
overstromen (ww)	потопя	[potopʲá]
overstroming (de)	наводнение (с)	[navodnénie]
aardbeving (de)	земетресение (с)	[zemetresénie]
aardschok (de)	трус (м)	[trus]
epicentrum (het)	епицентър (м)	[epitséntər]
uitbarsting (de)	изригване (с)	[izrígvane]
lava (de)	лава (ж)	[láva]
wervelwind, windhoos (de)	торнадо (с)	[tornádo]
tyfoon (de)	тайфун (м)	[tajfún]
orkaan (de)	ураган (м)	[uragán]
storm (de)	буря (ж)	[búrʲa]
tsunami (de)	цунами (с)	[tsunámi]
cycloon (de)	циклон (м)	[tsiklón]
onweer (het)	лошо време (с)	[lóʃo vréme]
brand (de)	пожар (м)	[poʒár]
ramp (de)	катастрофа (ж)	[katastrófa]
meteoriet (de)	метеорит (м)	[meteorít]
lawine (de)	лавина (ж)	[lavína]
sneeuwverschuiving (de)	лавина (ж)	[lavína]
sneeuwjacht (de)	виелица (ж)	[viélitsa]
sneeuwstorm (de)	снежна буря (ж)	[snéʒna búrʲa]

Fauna

135. Zoogdieren. Roofdieren

roofdier (het)	хищник (м)	[híʃtnik]
tijger (de)	тигър (м)	[tígər]
leeuw (de)	лъв (м)	[ləv]
wolf (de)	вълк (м)	[vəlk]
vos (de)	лисица (ж)	[lisítsa]
jaguar (de)	ягуар (м)	[jaguár]
luipaard (de)	леопард (м)	[leopárt]
jachtluipaard (de)	гепард (м)	[gepárt]
panter (de)	пантера (ж)	[pantéra]
poema (de)	пума (ж)	[púma]
sneeuwluipaard (de)	снежен барс (м)	[snéʒen bars]
lynx (de)	рис (м)	[ris]
coyote (de)	койот (м)	[kojót]
jakhals (de)	чакал (м)	[ʧakál]
hyena (de)	хиена (ж)	[hiéna]

136. Wilde dieren

dier (het)	животно (с)	[ʒivótno]
beest (het)	звяр (м)	[zvʲar]
eekhoorn (de)	катерица (ж)	[káteritsa]
egel (de)	таралеж (м)	[taraléʒ]
haas (de)	заек (м)	[záek]
konijn (het)	питомен заек (м)	[pítomen záek]
das (de)	язовец (м)	[jázovets]
wasbeer (de)	енот (м)	[enót]
hamster (de)	хамстер (м)	[hámster]
marmot (de)	мармот (м)	[marmót]
mol (de)	къртица (ж)	[kərtítsa]
muis (de)	мишка (ж)	[míʃka]
rat (de)	плъх (м)	[pləh]
vleermuis (de)	прилеп (м)	[prílep]
hermelijn (de)	хермелин (м)	[hermelín]
sabeldier (het)	самур (м)	[samúr]
marter (de)	бялка (ж)	[bʲálka]
wezel (de)	невестулка (ж)	[nevestúlka]
nerts (de)	норка (ж)	[nórka]

bever (de)	бобър (м)	[bóbər]
otter (de)	видра (ж)	[vídra]
paard (het)	кон (м)	[kon]
eland (de)	лос (м)	[los]
hert (het)	елен (м)	[elén]
kameel (de)	камила (ж)	[kamíla]
bizon (de)	бизон (м)	[bizón]
wisent (de)	зубър (м)	[zúbər]
buffel (de)	бивол (м)	[bívol]
zebra (de)	зебра (ж)	[zébra]
antilope (de)	антилопа (ж)	[antilópa]
ree (de)	сърна (ж)	[sərná]
damhert (het)	лопатар (м)	[lopatár]
gems (de)	сърна (ж)	[sərná]
everzwijn (het)	глиган (м)	[gligán]
walvis (de)	кит (м)	[kit]
rob (de)	тюлен (м)	[tʲulén]
walrus (de)	морж (м)	[morʒ]
zeebeer (de)	морска котка (ж)	[mórska kótka]
dolfijn (de)	делфин (м)	[delfín]
beer (de)	мечка (ж)	[métʃka]
ijsbeer (de)	бяла мечка (ж)	[bʲála métʃka]
panda (de)	панда (ж)	[pánda]
aap (de)	маймуна (ж)	[majmúna]
chimpansee (de)	шимпанзе (с)	[ʃimpanzé]
orang-oetan (de)	орангутан (м)	[orangután]
gorilla (de)	горила (ж)	[goríla]
makaak (de)	макак (м)	[makák]
gibbon (de)	гибон (м)	[gibón]
olifant (de)	слон (м)	[slon]
neushoorn (de)	носорог (м)	[nosorók]
giraffe (de)	жираф (м)	[ʒiráf]
nijlpaard (het)	хипопотам (м)	[hipopotám]
kangoeroe (de)	кенгуру (с)	[kénguru]
koala (de)	коала (ж)	[koála]
mangoest (de)	мангуста (ж)	[mangústa]
chinchilla (de)	чинчила (ж)	[tʃintʃíla]
stinkdier (het)	скунс (м)	[skuns]
stekelvarken (het)	бодливец (м)	[bodlívets]

137. Huisdieren

poes (de)	котка (ж)	[kótka]
kater (de)	котарак (м)	[kotarák]
paard (het)	кон (м)	[kon]

hengst (de)	жребец (м)	[ʒrebéts]
merrie (de)	кобила (ж)	[kobíla]
koe (de)	крава (ж)	[kráva]
bul, stier (de)	бик (м)	[bik]
os (de)	вол (м)	[vol]
schaap (het)	овца (ж)	[ovtsá]
ram (de)	овен (м)	[ovén]
geit (de)	коза (ж)	[kozá]
bok (de)	козел (м)	[kozél]
ezel (de)	магаре (с)	[magáre]
muilezel (de)	муле (с)	[múle]
varken (het)	свиня (ж)	[svinʲá]
biggetje (het)	прасе (с)	[prasé]
konijn (het)	питомен заек (м)	[pítomen záek]
kip (de)	кокошка (ж)	[kokóʃka]
haan (de)	петел (м)	[petél]
eend (de)	патица (ж)	[pátitsa]
woerd (de)	паток (м)	[patók]
gans (de)	гъсок (м)	[gəsók]
kalkoen haan (de)	пуяк (м)	[pújak]
kalkoen (de)	пуйка (ж)	[pújka]
huisdieren (mv.)	домашни животни (с мн)	[domáʃni ʒivótni]
tam (bijv. hamster)	питомен	[pítomen]
temmen (tam maken)	опитомявам	[opitomʲávam]
fokken (bijv. paarden ~)	отглеждам	[otgléʒdam]
boerderij (de)	ферма (ж)	[férma]
gevogelte (het)	домашна птица (ж)	[domáʃna ptítsa]
rundvee (het)	добитък (м)	[dobítək]
kudde (de)	стадо (с)	[stádo]
paardenstal (de)	обор (м)	[obór]
zwijnenstal (de)	кочина (ж)	[kótʃina]
koeienstal (de)	краварник (м)	[kravárnik]
konijnenhok (het)	зайчарник (м)	[zajtʃárnik]
kippenhok (het)	курник (м)	[kúrnik]

138. Vogels

vogel (de)	птица (ж)	[ptítsa]
duif (de)	гълъб (м)	[géləp]
mus (de)	врабче (с)	[vrabtʃé]
koolmees (de)	синигер (м)	[sinigér]
ekster (de)	сврака (ж)	[svráka]
raaf (de)	гарван (м)	[gárvan]
kraai (de)	врана (ж)	[vrána]

| kauw (de) | гарга (ж) | [gárga] |
| roek (de) | полски гарван (м) | [pólski gárvan] |

eend (de)	патица (ж)	[pátitsa]
gans (de)	гъсок (м)	[gəsók]
fazant (de)	фазан (м)	[fazán]

arend (de)	орел (м)	[orél]
havik (de)	ястреб (м)	[jástrep]
valk (de)	сокол (м)	[sokól]
gier (de)	гриф (м)	[grif]
condor (de)	кондор (м)	[kondór]

zwaan (de)	лебед (м)	[lébet]
kraanvogel (de)	жерав (м)	[ʒérav]
ooievaar (de)	щъркел (м)	[ʃtérkel]

papegaai (de)	папагал (м)	[papagál]
kolibrie (de)	колибри (с)	[kolíbri]
pauw (de)	паун (м)	[paún]

struisvogel (de)	щраус (м)	[ʃtráus]
reiger (de)	чапла (ж)	[tʃápla]
flamingo (de)	фламинго (с)	[flamíngo]
pelikaan (de)	пеликан (м)	[pelikán]

| nachtegaal (de) | славей (м) | [slávej] |
| zwaluw (de) | лястовица (ж) | [lʲástovitsa] |

lijster (de)	дрозд (м)	[drozd]
zanglijster (de)	поен дрозд (м)	[póen drozd]
merel (de)	кос, черен дрозд (м)	[kos], [tʃéren drozd]

gierzwaluw (de)	бързолет (м)	[bərzolét]
leeuwerik (de)	чучулига (ж)	[tʃutʃulíga]
kwartel (de)	пъдпъдък (м)	[pədpədək]

specht (de)	кълвач (м)	[kəlvátʃ]
koekoek (de)	кукувица (ж)	[kúkuvitsa]
uil (de)	сова (ж)	[sóva]
oehoe (de)	бухал (м)	[búhal]
auerhoen (het)	глухар (м)	[gluhár]

| korhoen (het) | тетрев (м) | [tétrev] |
| patrijs (de) | яребица (ж) | [járebitsa] |

spreeuw (de)	скорец (м)	[skoréts]
kanarie (de)	канарче (с)	[kanártʃe]
hazelhoen (het)	лещарка (ж)	[leʃtárka]

| vink (de) | чинка (ж) | [tʃínka] |
| goudvink (de) | червенушка (ж) | [tʃervenúʃka] |

meeuw (de)	чайка (ж)	[tʃájka]
albatros (de)	албатрос (м)	[albatrós]
pinguïn (de)	пингвин (м)	[pingvín]

139. Vis. Zeedieren

brasem (de)	платика (ж)	[platíka]
karper (de)	шаран (м)	[ʃarán]
baars (de)	костур (м)	[kostúr]
meerval (de)	сом (м)	[som]
snoek (de)	щука (ж)	[ʃtúka]

zalm (de)	сьомга (ж)	[sʲómga]
steur (de)	есетра (ж)	[esétra]

haring (de)	селда (ж)	[sélda]
atlantische zalm (de)	сьомга (ж)	[sʲómga]
makreel (de)	скумрия (ж)	[skumríja]
platvis (de)	калкан (м)	[kalkán]

snoekbaars (de)	бяла риба (ж)	[bʲála ríba]
kabeljauw (de)	треска (ж)	[tréska]
tonijn (de)	риба тон (м)	[ríba ton]
forel (de)	пъстърва (ж)	[pəstérva]

paling (de)	змиорка (ж)	[zmiórka]
sidderrog (de)	електрически скат (м)	[elektrítʃeski skat]
murene (de)	мурена (ж)	[muréna]
piranha (de)	пираня (ж)	[piránʲa]

haai (de)	акула (ж)	[akúla]
dolfijn (de)	делфин (м)	[delfín]
walvis (de)	кит (м)	[kit]

krab (de)	морски рак (м)	[mórski rak]
kwal (de)	медуза (ж)	[medúza]
octopus (de)	октопод (м)	[oktopót]

zeester (de)	морска звезда (ж)	[mórska zvezdá]
zee-egel (de)	морски таралеж (м)	[mórski taraléʒ]
zeepaardje (het)	морско конче (с)	[mórsko kóntʃe]

oester (de)	стрида (ж)	[strída]
garnaal (de)	скарида (ж)	[skarída]
kreeft (de)	омар (м)	[omár]
langoest (de)	лангуста (ж)	[langústa]

140. Amfibieën. Reptielen

slang (de)	змия (ж)	[zmijá]
giftig (slang)	отровен	[otróven]

adder (de)	усойница (ж)	[usójnitsa]
cobra (de)	кобра (ж)	[kóbra]
python (de)	питон (м)	[pitón]
boa (de)	боа (ж)	[boá]
ringslang (de)	смок (м)	[smok]

| ratelslang (de) | гърмяща змия (ж) | [gərmʲáʃta zmijá] |
| anaconda (de) | анаконда (ж) | [anakónda] |

hagedis (de)	гущер (м)	[gúʃter]
leguaan (de)	игуана (ж)	[iguána]
varaan (de)	варан (м)	[varán]
salamander (de)	саламандър (м)	[salamándər]
kameleon (de)	хамелеон (м)	[hameleón]
schorpioen (de)	скорпион (м)	[skorpión]

schildpad (de)	костенурка (ж)	[kostenúrka]
kikker (de)	водна жаба (ж)	[vódna ʒába]
pad (de)	жаба (ж)	[ʒába]
krokodil (de)	крокодил (м)	[krokodíl]

141. Insecten

insect (het)	насекомо (с)	[nasekómo]
vlinder (de)	пеперуда (ж)	[peperúda]
mier (de)	мравка (ж)	[mráfka]
vlieg (de)	муха (ж)	[muhá]
mug (de)	комар (м)	[komár]
kever (de)	бръмбар (м)	[brémbar]

wesp (de)	оса (ж)	[osá]
bij (de)	пчела (ж)	[ptʃelá]
hommel (de)	земна пчела (ж)	[zémna ptʃelá]
horzel (de)	щръклица (ж), овод (м)	[ʃtréklitsa], [óvot]

| spin (de) | паяк (м) | [pájak] |
| spinnenweb (het) | паяжина (ж) | [pájaʒina] |

libel (de)	водно конче (с)	[vódno kóntʃe]
sprinkhaan (de)	скакалец (м)	[skakaléts]
nachtvlinder (de)	нощна пеперуда (ж)	[nóʃtna peperúda]

kakkerlak (de)	хлебарка (ж)	[hlebárka]
teek (de)	кърлеж (м)	[kérleʃ]
vlo (de)	бълха (ж)	[bəlhá]
kriebelmug (de)	мушица (ж)	[muʃítsa]

treksprinkhaan (de)	прелетен скакалец (м)	[préleten skakaléts]
slak (de)	охлюв (м)	[óhlʲuf]
krekel (de)	щурец (м)	[ʃturéts]
glimworm (de)	светулка (ж)	[svetúlka]
lieveheersbeestje (het)	калинка (ж)	[kalínka]
meikever (de)	майски бръмбар (м)	[májski brémbar]

bloedzuiger (de)	пиявица (ж)	[pijávitsa]
rups (de)	гъсеница (ж)	[gəsénitsa]
aardworm (de)	червей (м)	[tʃérvej]
larve (de)	буба (ж)	[búba]

Flora

142. Bomen

boom (de)	дърво (с)	[dərvó]
loof- (abn)	широколистно	[ʃirokolístno]
dennen- (abn)	иглолистно	[iglolístno]
groenblijvend (bn)	вечнозелено	[vetʃnozeléno]
appelboom (de)	ябълка (ж)	[jábəlka]
perenboom (de)	круша (ж)	[krúʃa]
zoete kers (de)	череша (ж)	[tʃeréʃa]
zure kers (de)	вишна (ж)	[víʃna]
pruimelaar (de)	слива (ж)	[slíva]
berk (de)	бреза (ж)	[brezá]
eik (de)	дъб (м)	[dəp]
linde (de)	липа (ж)	[lipá]
esp (de)	трепетлика (ж)	[trepetlíka]
esdoorn (de)	клен (м)	[klen]
spar (de)	ела (ж)	[elá]
den (de)	бор (м)	[bor]
lariks (de)	лиственица (ж)	[lístvenitsa]
zilverspar (de)	бяла ела (ж)	[bʲála elá]
ceder (de)	кедър (м)	[kédər]
populier (de)	топола (ж)	[topóla]
lijsterbes (de)	офика (ж)	[ofíka]
wilg (de)	върба (ж)	[vərbá]
els (de)	елша (ж)	[elʃá]
beuk (de)	бук (м)	[buk]
iep (de)	бряст (м)	[brʲast]
es (de)	ясен (м)	[jásen]
kastanje (de)	кестен (м)	[késten]
magnolia (de)	магнолия (ж)	[magnólija]
palm (de)	палма (ж)	[pálma]
cipres (de)	кипарис (м)	[kiparís]
mangrove (de)	мангрово дърво (с)	[mangrovo dərvó]
baobab (apenbroodboom)	баобаб (м)	[baobáp]
eucalyptus (de)	евкалипт (м)	[efkalípt]
mammoetboom (de)	секвоя (ж)	[sekvója]

143. Heesters

struik (de)	храст (м)	[hrast]
heester (de)	храсталак (м)	[hrastalák]

wijnstok (de)	грозде (c)	[grózde]
wijngaard (de)	лозе (c)	[lóze]
frambozenstruik (de)	малина (ж)	[malína]
zwarte bes (de)	черно френско грозде (c)	[tʃérno frénsko grózde]
rode bessenstruik (de)	червено френско грозде (c)	[tʃervéno frénsko grózde]
kruisbessenstruik (de)	цариградско грозде (c)	[tsarigrátsko grózde]
acacia (de)	акация (ж)	[akátsija]
zuurbes (de)	кисел трън (м)	[kísel trən]
jasmijn (de)	жасмин (м)	[ʒasmín]
jeneverbes (de)	хвойна, смрика (ж)	[hvójna], [smríka]
rozenstruik (de)	розов храст (м)	[rózov hrast]
hondsroos (de)	шипка (ж)	[ʃípka]

144. Vruchten. Bessen

vrucht (de)	плод (м)	[plot]
vruchten (mv.)	плодове (м мн)	[plodové]
appel (de)	ябълка (ж)	[jábəlka]
peer (de)	круша (ж)	[krúʃa]
pruim (de)	слива (ж)	[slíva]
aardbei (de)	ягода (ж)	[jágoda]
zure kers (de)	вишна (ж)	[víʃna]
zoete kers (de)	череша (ж)	[tʃeréʃa]
druif (de)	грозде (c)	[grózde]
framboos (de)	малина (ж)	[malína]
zwarte bes (de)	черно френско грозде (c)	[tʃérno frénsko grózde]
rode bes (de)	червено френско грозде (c)	[tʃervéno frénsko grózde]
kruisbes (de)	цариградско грозде (c)	[tsarigrátsko grózde]
veenbes (de)	клюква (ж)	[klʲúkva]
sinaasappel (de)	портокал (м)	[portokál]
mandarijn (de)	мандарина (ж)	[mandarína]
ananas (de)	ананас (м)	[ananás]
banaan (de)	банан (м)	[banán]
dadel (de)	фурма (ж)	[furmá]
citroen (de)	лимон (м)	[limón]
abrikoos (de)	кайсия (ж)	[kajsíja]
perzik (de)	праскова (ж)	[práskova]
kiwi (de)	киви (c)	[kívi]
grapefruit (de)	грейпфрут (м)	[gréjpfrut]
bes (de)	горски плод (м)	[górski plot]
bessen (mv.)	горски плодове (м мн)	[górski plodové]
vossenbes (de)	червена боровинка (ж)	[tʃervéna borovínka]
bosaardbei (de)	горска ягода (ж)	[górska jágoda]
blauwe bosbes (de)	черна боровинка (ж)	[tʃérna borovínka]

145. Bloemen. Planten

bloem (de)	цвете (с)	[tsvéte]
boeket (het)	букет (м)	[bukét]
roos (de)	роза (ж)	[róza]
tulp (de)	лале (с)	[lalé]
anjer (de)	карамфил (м)	[karamfíl]
gladiool (de)	гладиола (ж)	[gladióla]
korenbloem (de)	метличина (ж)	[metlitʃína]
klokje (het)	камбанка (ж)	[kambánka]
paardenbloem (de)	глухарче (с)	[gluhártʃe]
kamille (de)	лайка (ж)	[lájka]
aloë (de)	алое (с)	[alóe]
cactus (de)	кактус (м)	[káktus]
ficus (de)	фикус (м)	[fíkus]
lelie (de)	лилиум (м)	[lílium]
geranium (de)	мушкато (с)	[muʃkáto]
hyacint (de)	зюмбюл (м)	[zʲúmbʲúl]
mimosa (de)	мимоза (ж)	[mimóza]
narcis (de)	нарцис (м)	[nartsís]
Oost-Indische kers (de)	латинка (ж)	[latínka]
orchidee (de)	орхидея (ж)	[orhidéja]
pioenroos (de)	божур (м)	[boʒúr]
viooltje (het)	теменуга (ж)	[temenúga]
driekleurig viooltje (het)	трицветна теменуга (ж)	[tritsvétna temenúga]
vergeet-mij-nietje (het)	незабравка (ж)	[nezabráfka]
madeliefje (het)	маргаритка (ж)	[margarítka]
papaver (de)	мак (м)	[mak]
hennep (de)	коноп (м)	[konóp]
munt (de)	мента (ж)	[ménta]
lelietje-van-dalen (het)	момина сълза (ж)	[mómina səlzá]
sneeuwklokje (het)	кокиче (с)	[kokítʃe]
brandnetel (de)	коприва (ж)	[kopríva]
veldzuring (de)	киселец (м)	[kíselets]
waterlelie (de)	водна лилия (ж)	[vódna lílija]
varen (de)	папрат (м)	[páprat]
korstmos (het)	лишей (м)	[líʃej]
oranjerie (de)	оранжерия (ж)	[oranʒérija]
gazon (het)	тревна площ (ж)	[trévna ploʃt]
bloemperk (het)	цветна леха (ж)	[tsvétna lehá]
plant (de)	растение (с)	[rasténie]
gras (het)	трева (ж)	[trevá]
grasspriet (de)	тревичка (ж)	[trevítʃka]

blad (het)	лист (м)	[list]
bloemblad (het)	венчелистче (с)	[ventʃelísttʃe]
stengel (de)	стъбло (с)	[stəbló]
knol (de)	грудка (ж)	[grútka]
scheut (de)	кълн (м)	[kəln]
doorn (de)	бодил (м)	[bodíl]
bloeien (ww)	цъфтя	[tsəftʲá]
verwelken (ww)	увяхвам	[uvʲáhvam]
geur (de)	мирис (м)	[míris]
snijden (bijv. bloemen ~)	отрежа	[otréʒa]
plukken (bloemen ~)	откъсна	[otkésna]

146. Granen, graankorrels

graan (het)	зърно (с)	[zérno]
graangewassen (mv.)	житни култури (ж мн)	[ʒítni kultúri]
aar (de)	клас (м)	[klas]
tarwe (de)	пшеница (ж)	[pʃenítsa]
rogge (de)	ръж (ж)	[rəʒ]
haver (de)	овес (м)	[ovés]
gierst (de)	просо (с)	[prosó]
gerst (de)	ечемик (м)	[etʃemík]
maïs (de)	царевица (ж)	[tsárevitsa]
rijst (de)	ориз (м)	[oríz]
boekweit (de)	елда (ж)	[élda]
erwt (de)	грах (м)	[grah]
nierboon (de)	фасул (м)	[fasúl]
soja (de)	соя (ж)	[sója]
linze (de)	леща (ж)	[léʃta]
bonen (mv.)	боб (м)	[bop]

LANDEN. NATIONALITEITEN

147. West-Europa

Europa (het)	Европа	[evrópa]
Europese Unie (de)	Европейски Съюз (м)	[evropéjski səjúz]
Oostenrijk (het)	Австрия	[áfstrija]
Groot-Brittannië (het)	Великобритания	[velikobritánija]
Engeland (het)	Англия	[ánglija]
België (het)	Белгия	[bélgija]
Duitsland (het)	Германия	[germánija]
Nederland (het)	Нидерландия	[niderlándija]
Holland (het)	Холандия (ж)	[holándija]
Griekenland (het)	Гърция	[gértsija]
Denemarken (het)	Дания	[dánija]
Ierland (het)	Ирландия	[irlándija]
IJsland (het)	Исландия	[islándija]
Spanje (het)	Испания	[ispánija]
Italië (het)	Италия	[itálija]
Cyprus (het)	Кипър	[kípər]
Malta (het)	Малта	[málta]
Noorwegen (het)	Норвегия	[norvégija]
Portugal (het)	Португалия	[portugálija]
Finland (het)	Финландия	[finlándija]
Frankrijk (het)	Франция	[frántsija]
Zweden (het)	Швеция	[ʃvétsija]
Zwitserland (het)	Швейцария	[ʃvejtsárija]
Schotland (het)	Шотландия	[ʃotlándija]
Vaticaanstad (de)	Ватикана	[vatikána]
Liechtenstein (het)	Лихтенщайн	[líhtenʃtajn]
Luxemburg (het)	Люксембург	[lúksemburg]
Monaco (het)	Монако	[monáko]

148. Centraal- en Oost-Europa

Albanië (het)	Албания	[albánija]
Bulgarije (het)	България	[bəlgárija]
Hongarije (het)	Унгария	[ungárija]
Letland (het)	Латвия	[látvija]
Litouwen (het)	Литва	[lítva]
Polen (het)	Полша	[pólʃa]

Roemenië (het)	Румъния	[ruménija]
Servië (het)	Сърбия	[sérbija]
Slowakije (het)	Словакия	[slovákija]
Kroatië (het)	Хърватия	[hərvátija]
Tsjechië (het)	Чехия	[tʃéhija]
Estland (het)	Естония	[estónija]
Bosnië en Herzegovina (het)	Босна и Херцеговина	[bósna i hertsegóvina]
Macedonië (het)	Македония	[makedónija]
Slovenië (het)	Словения	[slovénija]
Montenegro (het)	Черна гора	[tʃérna gorá]

149. Voormalige USSR landen

Azerbeidzjan (het)	Азербайджан	[azerbajdʒán]
Armenië (het)	Армения	[arménija]
Wit-Rusland (het)	Беларус	[belarús]
Georgië (het)	Грузия	[grúzija]
Kazakstan (het)	Казахстан	[kazahstán]
Kirgizië (het)	Киргизстан	[kirgistán]
Moldavië (het)	Молдова	[moldóva]
Rusland (het)	Русия	[rusíja]
Oekraïne (het)	Украйна	[ukrájna]
Tadzjikistan (het)	Таджикистан	[tadʒikistán]
Turkmenistan (het)	Туркменистан	[turkmenistán]
Oezbekistan (het)	Узбекистан	[uzbekistán]

150. Azië

Azië (het)	Азия	[ázija]
Vietnam (het)	Виетнам	[vietnám]
India (het)	Индия	[índija]
Israël (het)	Израел	[izráel]
China (het)	Китай	[kitáj]
Libanon (het)	Ливан	[liván]
Mongolië (het)	Монголия	[mongólija]
Maleisië (het)	Малайзия	[malájzija]
Pakistan (het)	Пакистан	[pakistán]
Saoedi-Arabië (het)	Саудитска Арабия	[saudítska arábija]
Thailand (het)	Тайланд	[tajlánt]
Taiwan (het)	Тайван	[tajván]
Turkije (het)	Турция	[túrtsija]
Japan (het)	Япония	[japónija]
Afghanistan (het)	Афганистан	[afganistán]
Bangladesh (het)	Бангладеш	[bangladéʃ]

Indonesië (het)	Индонезия	[indonézija]
Jordanië (het)	Йордания	[jordánija]
Irak (het)	Ирак	[irák]
Iran (het)	Иран	[irán]
Cambodja (het)	Камбоджа	[kambódʒa]
Koeweit (het)	Кувейт	[kuvéjt]
Laos (het)	Лаос	[laós]
Myanmar (het)	Мянма	[mjánma]
Nepal (het)	Непал	[nepál]
Verenigde Arabische Emiraten	Обединени арабски емирства	[obedinéni arápski emírstva]
Syrië (het)	Сирия	[sírija]
Palestijnse autonomie (de)	Палестинска автономия	[palestínska aftonómija]
Zuid-Korea (het)	Южна Корея	[júʒna koréja]
Noord-Korea (het)	Северна Корея	[séverna koréja]

151. Noord-Amerika

Verenigde Staten van Amerika	Съединени американски щати	[səedinéni amerikánski ʃtáti]
Canada (het)	Канада	[kanáda]
Mexico (het)	Мексико	[méksiko]

152. Midden- en Zuid-Amerika

Argentinië (het)	Аржентина	[arʒentína]
Brazilië (het)	Бразилия	[brazílija]
Colombia (het)	Колумбия	[kolúmbija]
Cuba (het)	Куба	[kúba]
Chili (het)	Чили	[tʃíli]
Bolivia (het)	Боливия	[bolívija]
Venezuela (het)	Венецуела	[venetsuéla]
Paraguay (het)	Парагвай	[paragváj]
Peru (het)	Перу	[perú]
Suriname (het)	Суринам	[surinám]
Uruguay (het)	Уругвай	[urugváj]
Ecuador (het)	Еквадор	[ekvadór]
Bahama's (mv.)	Бахамски острови	[bahámski óstrovi]
Haïti (het)	Хаити	[haíti]
Dominicaanse Republiek (de)	Доминиканска република	[dominikánska repúblika]
Panama (het)	Панама	[panáma]
Jamaica (het)	Ямайка	[jamájka]

153. Afrika

Egypte (het)	Египет	[egípet]
Marokko (het)	Мароко	[maróko]
Tunesië (het)	Тунис	[túnis]
Ghana (het)	Гана	[gána]
Zanzibar (het)	Занзибар	[zanzibár]
Kenia (het)	Кения	[kénija]
Libië (het)	Либия	[líbija]
Madagaskar (het)	Мадагаскар	[madagaskár]
Namibië (het)	Намибия	[namíbija]
Senegal (het)	Сенегал	[senegál]
Tanzania (het)	Танзания	[tanzánija]
Zuid-Afrika (het)	Южноафриканска република	[juʒno·afrikánska repúblika]

154. Australië. Oceanië

Australië (het)	Австралия	[afstrálija]
Nieuw-Zeeland (het)	Нова Зеландия	[nóva zelándija]
Tasmanië (het)	Тасмания	[tasmánija]
Frans-Polynesië	Френска Полинезия	[frénska polinézija]

155. Steden

Amsterdam	Амстердам	[amsterdám]
Ankara	Анкара	[ánkara]
Athene	Атина	[átina]
Bagdad	Багдад	[bagdád]
Bangkok	Банкок	[bankók]
Barcelona	Барселона	[barselóna]
Beiroet	Бейрут	[bejrút]
Berlijn	Берлин	[berlín]
Boedapest	Будапеща	[budapéʃta]
Boekarest	Букурещ	[búkureʃt]
Bombay, Mumbai	Мумбай	[mumbáj]
Bonn	Бон	[bon]
Bordeaux	Бордо	[bordó]
Bratislava	Братислава	[bratisláva]
Brussel	Брюксел	[brʲúksel]
Caïro	Кайро	[kájro]
Calcutta	Калкута	[kalkúta]
Chicago	Чикаго	[tʃikágo]
Dar Es Salaam	Дар ес Салам	[dar es salám]
Delhi	Делхи	[délhi]

Den Haag	Хага	[hága]
Dubai	Дубай	[dubáj]
Dublin	Дъблин	[déblin]
Düsseldorf	Дюселдорф	[dʲúseldorf]
Florence	Флоренция	[floréntsija]

Frankfort	Франкфурт	[fránkfurt]
Genève	Женева	[ʒenéva]
Hamburg	Хамбург	[hámburk]
Hanoi	Ханой	[hanój]
Havana	Хавана	[havána]

Helsinki	Хелзинки	[hélzinki]
Hiroshima	Хирошима	[hiroʃíma]
Hongkong	Хонконг	[honkóng]
Istanbul	Истанбул	[istanbúl]
Jeruzalem	Ерусалим	[érusalim]
Kiev	Киев	[kíev]

Kopenhagen	Копенхаген	[kopenhágen]
Kuala Lumpur	Куала Лумпур	[kuála lumpúr]
Lissabon	Лисабон	[lisabón]
Londen	Лондон	[lóndon]
Los Angeles	Лос Анджелис	[los ándʒelis]

Lyon	Лион	[lión]
Madrid	Мадрид	[madrít]
Marseille	Марсилия	[marsílija]
Mexico-Stad	Мексико	[méksiko]
Miami	Маями	[majámi]

Montreal	Монреал	[monreál]
Moskou	Москва	[moskvá]
München	Мюнхен	[mʲúnhen]
Nairobi	Найроби	[najróbi]
Napels	Неапол	[neápol]

New York	Ню Йорк	[nʲu jórk]
Nice	Ница	[nítsa]
Oslo	Осло	[óslo]
Ottawa	Отава	[otáva]
Parijs	Париж	[paríʒ]

Peking	Пекин	[pekín]
Praag	Прага	[prága]
Rio de Janeiro	Рио де Жанейро	[río de ʒanéjro]
Rome	Рим	[rim]
Seoel	Сеул	[seúl]
Singapore	Сингапур	[singapúr]

Sint-Petersburg	Санкт Петербург	[sankt péterburk]
Sjanghai	Шанхай	[ʃanháj]
Stockholm	Стокхолм	[stokhólm]
Sydney	Сидни	[sídni]
Taipei	Тайпе	[tajpé]
Tokio	Токио	[tókio]

Toronto	**Торонто**	[torónto]
Venetië	**Венеция**	[venétsija]
Warschau	**Варшава**	[varʃáva]
Washington	**Вашингтон**	[váʃinkton]
Wenen	**Виена**	[viéna]

www.ingramcontent.com/pod-product-compliance
Lightning Source LLC
Chambersburg PA
CBHW070556050426
42450CB00011B/2890

* 9 7 8 1 7 8 4 9 2 3 3 8 9 *